U0041227

分配正義
救台灣

楊志良　著　　邱淑宜——採訪整理

目錄

第一部　這樣下去，我們必定失去國家

第二部　師承美國，施政失靈

分配正義
救台灣

給陽光率直的歐吉桑加油

中央研究院院士　朱敬一

好朋友楊志良教授又要出新書了。這本書可以看為他前一本書《台灣大崩壞》的接續——前一本他分析台灣「不婚、不生、不養、不活，外加沒有前景」的「四不一沒有」情境，而這本則見證台灣社會近年呈現的諸多分配面不公平。

楊教授所談論的台灣社會不公平，不但與當下許多年輕人的抑鬱息息相關，也恰巧是我自己近年來研究、關注的主題。這些議題包括十五年薪資凍漲、都會區房價飆高、所得分配日趨不均、劫貧濟富的減稅政策等等。我最近在學術著作與大眾讀物中大力解說（見注1與注2）：這些看似獨立的多種不公平現象，其背後可能存在的理論牽連，並尋求政策的解方，而

楊教授則用更通俗的語言、更直白的數據，呈現這些不公平現象的面貌。志良兄與我關心的議題相當，分析的角度互補，能夠有機會為此書撰寫些補充性的文字並推薦給讀者，當然是我的榮幸。

其實包括我自己在內的許多讀者閱讀楊教授的文章，除了對於他直白也偶帶幽默、戲謔的文字感到自然而親近之外，也對他這個「人」充滿幾分好奇。他是台灣極少數「非醫師背景而擔任衛生署長」者，是極少數「能在行政院堅持自己（健保改革）政策而逼得長官（行政院長）讓步」者，更是極少數「卸任政府首長後民間聲望居高不下」者。前面這三項極少數，我還比較能想像，但是最近與志良兄較為熟識後，發現他還有一個特質：好像走過的地方都留下朋友，而這一點更是極其可貴。

我自己的觀察是：志良兄的個性就是簡單（一次只專注一個目標）、直率（不拐彎抹角、不玩陰招）、憨厚（在尖銳的批評裡其實留餘地）。這些特質，似乎可以解釋他入閣專注改健保（你若不想改我就走人），即使對某人極度不滿也沒有惡聲，也因為如此而能交到許多朋友。政治難免給人一種陰暗曲折的印象，而志良兄如此陽光直率的個性，加上他那有

點歐吉桑味道的言談，正是他短暫政府首長所留下的美好身影。

近日因種種因緣際會而與志良兄更熟識，我覺得志良兄的文章，其實是不折不扣反應其為人之外觀特質。他對於台灣社會的種種不公平，有其深刻且接近普羅大眾的淺顯描述，遂能夠迅速獲得認同。他對於各種不公平現象的體認，自然呈現他對台灣這塊土地的關懷。他說「分配正義救台灣」，語氣雖然沈重，卻還是有正面的期待與呼籲。這不就是他陽光直率的歐吉桑特質？

志良兄與我都是美國密西根大學（University of Michigan）念的PhD，是校友，但是他長我幾屆。我們都在行政院擔任過部會首長，但是我比他「做得久一些」。雖然在不同部會，我們都想利用短暫的公職生涯為台灣做些事，而我們也都算是做成了若干。以前，楊教授老是看不起台灣經濟學家，說台灣經濟學家是「只研究生產、不研究分配」的一群，而他認為台灣的關鍵問題在分配。但是最近他讀完我所寫的〈導讀皮凱提2.0版〉長文之後終於承認，「台灣畢竟還是有關心分配的經濟學家」。

我一直認為，所有的社會科學，包括我所專長的

經濟與志良兄所專長的健康保險，都是築基於研究者對社會的人文關懷。即使大家可能有不同的出發點、切入角度、詮釋剖面，但是那共同的關懷卻是彼此真切的串聯。楊教授與我幾乎同時關注台灣相同的問題。他的書給我相當的啟發，我認為對於一般讀者，也一定會有相同的效果。

注1：朱敬一、康庭嶽，〈經濟轉型中的社會不公平〉，《台灣經濟預測與政策》（2015）即將出版。

注2：朱敬一，《找回台灣經濟正義與活力》，天下雜誌（2015）即將出版。

期待下一個「台灣奇蹟」之路

美國普林斯頓大學伍德羅威爾遜公共與國際事務學院
鄭宗美

去年11月底左右，一個由衛生福利部和外交部共同舉辦的國際會議上，很高興又見到老友，前衛生署長楊志良教授。我們是在全民健保最早期企劃時代（1980晚期），為了幫助台灣實踐提供全民健保照顧那一個理想而結識。

志良那天提到他正在寫一本書（又一本書），即將完稿，沒想到兩星期後，他就把新書章節陸續寄給我，讓我先睹為快。拜讀之後很是驚喜，因為他這次書寫的題目，竟是我近幾年來對台灣同樣關心的一些公共事務和政策，透過這本新著，讓我對台灣多項公共政策和現況有了最新了解，也讓我的許多疑問得到解答。

我感觸最大的，莫過於這新書中的主題，也是台灣社會面臨的最大挑戰：分配正義的下滑和所得不均的上升。這個大問題的存在和發展已經有相當一段時間，造成台灣許多民眾，特別是年輕朋友們對前途有茫茫然的沮喪之感。2014年春天發生的太陽花學運和11月底的九合一選舉，是民眾，特別是年輕人，對現實不滿最直接的反應。這本新書對這個世紀大問題做了透徹的討論，並提供許多寶貴的資料。

　　其實，台灣中產階級和勞工階級對現實的不滿，在世界各國也可找到許多同例。客觀來看，全球化為世界各國同時帶來正面和負面的效益。正面效益包括如消費者可以購買到廉價的進口商品；還有許多貧窮的發展中國家，億萬貧窮人口得到機會跳出了貧窮。不幸的是，這些人們的生活改善是來自許許多多已發展國家和經濟體（包括台灣）之內的勞工和中產階級份子付出的代價。他們因為競爭不過，就只能留在1980年代的薪資階級，甚至失業，要翻身幾乎是難之又難，甚至是不可能的。而全球化下另一個負面效應就是經濟成長的所得、利益愈發集中在資本家手上。

　　這一大群勞工和中產階級，屬於全球化之下的

「輸者」，此時他們最需要政府的照顧。這並非以營利為主旨的市場的責任（當然有許多人認為企業應也有「社會責任」），主要應是政府的責任（如政策的調整、輔助產業結構的重組，以及創造新的、好的就業機會等）。

又不幸的是，台灣政府多年來因財力有限，甚至負債累累，實際上對社會需要照顧的人幫不了什麼忙（例如長照的一拖再拖，幼兒照顧制度的建立以便職業婦女能同時持續工作和生育孩子等）。探討財力不足的原因，驚然發現原來政府的稅收只占台灣總經濟生產毛額的12％！在國際上來說這麼低的政府稅賦比是不可異議的（請見右表），甚至說一句不客氣的話：是可笑的。這並不單是我個人的看法，本書中也指出，2014年9月挪威前總理和世界衛生組織的總幹事布倫特蘭夫人訪台演講時，認為台灣應改稅制，向富人課稅，以利資源分配。台灣如此超低的政府稅賦比，可以想見對台灣的多項公共政策、公共建設和民生問題帶來了多大的負面影響？！

我最近就曾親眼在台北看到因為政府窮，對台灣的公共建設，包括國民教育投入的忽略。2014年九合一選舉那天，我人正好在台北，因為好奇，請朋友

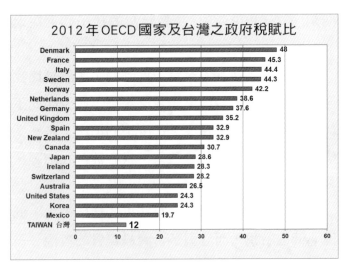

2012年OECD國家及台灣之政府稅賦比

Denmark	48
France	45.3
Italy	44.4
Sweden	44.3
Norway	42.2
Netherlands	38.6
Germany	37.6
United Kingdom	35.2
Spain	32.9
New Zealand	32.9
Canada	30.7
Japan	28.6
Ireland	28.3
Switzerland	28.2
Australia	26.5
United States	24.3
Korea	24.3
Mexico	19.7
TAIWAN 台灣	12

SOURCE: OECD DATA 2014, http``://stats.oecd.org/index.aspx?DataSetCode=REV

讓我跟著一起去（看投票），以一睹台灣民主付諸於
行為之快。我們在一所國小（投票站）門口下車，走
進校園，幾步路就走上校廊。第一個迎面看到的是沒
有門的一大間男生廁所。我愣住了！馬上想到：「小
男生們也不會害羞嗎？」（因為門外走廊上有小女生
和大人們走過吧！）然後，廁所隔壁就是一間間簡單
的教室。我當時很驚訝，台灣，尤其是首都台北，竟
有這麼老舊的國小給他們寶貴的下一代上學用？！台
灣不是有傲人的國民人均所得 $41,539（PPP元）（國
際貨幣基金（IMF）2013）嗎？只比歐洲第一強國德

國低 $1,918（PPP 元）。這對台灣的孩子們實在太委屈了！

　　台灣孩子們在基本教育上得到的，應該是比我所眼見要好很多的教育環境。我又想到，校舍如此不合時代的老舊，那麼師資又是什麼樣的情況：是好？是欠佳、有待改進？接下來整天，我心裡都在納悶、難過，至今不忘。

　　政府為了維持台灣上層有錢人的低所得稅、低房地稅、低遺贈稅，而忽視了台灣最寶貴的資源——人力資源，這對台灣的經濟有什麼好處？這是一個政府帶領台灣步入 21 世紀高度競爭的全球經濟之下，能走、該走的路嗎？我相信，我所認識的諾貝爾經濟獎得主中，包括克魯曼（Paul Krugman）和史迪格里茲（Joseph Stiglitz），他們每一個人都會對這不可置信的做法搖頭的。

　　就如同志良在衛生署長任內（2009-2011）完成「二代健保改革」，公共政策的制定和執行只要首先選擇了正確的道路，之後決策者只要堅持「擇善固執、自始至終」的信念，並同時用各種方法和民眾、利益團體，以及政府有關各部門溝通和保持密切對話，最後是可以以講道理和道德的力量，說服各方面

而達成目標的。這也是台灣政府面對未來的挑戰時應採取的態度。

　　本書是志良重回民間後，再盡一己身為社會知識份子的責任所做的貢獻，他再次提供自己的想法、經驗，讓台灣在面對未來重要挑戰時，社會可以持續對話。藉此難得機會祝福台灣，寄望台灣及時步上下一個「台灣奇蹟」之路。

我們還有多少時間？

1683 年 7 月，明朝水師叛將施琅攻占澎湖，9 月鄭克塽納降，結束鄭氏王朝，施琅也報了遭鄭成功誅殺全家之仇。鄭克塽投降後沒能當「台灣特首」，被移置北京為海澄公，吃飽等死，37 歲卒。

就如同滅明者，並非李自成叛亂或滿人闖關，而是崇禎皇帝的昏聵；明鄭之亡，也是亡於自身之亂。鄭成功據台後，台灣已是不折不扣的獨立國家，當時西方國家，如英國的東印度公司與鄭氏簽約，均稱鄭經為「King」，各方來使均稱鄭氏為「Majesty」（陛下）。然而鄭成功之後，不論鄭經或鄭克塽的接續，都經過一番腥風血雨、慘烈鬥爭、嚴重內耗。當時在台的民眾以漢人及原住民為主，當然不願淪為滿清子

民，但就如割讓台灣給日本時，台灣人民又如何願意被日本人殖民？但形勢比人強，又復何言。

對照歷史殷鑑，反觀台灣現況，相似性之高令人心驚。台灣近二十年來，不論政治、經濟及社會，每況愈下，落入惡性循環，而海峽對岸不但沒如李登輝前總統預言，走上分崩離析之途，反更為強大。台灣曾經輝煌過，60年代起，台灣經濟、社會、文化（僅只流行音樂及校園歌曲就曾橫掃全球華人世界）、嚴酷的政治也不斷解凍，社會蒸蒸日上，相對文革敗破的中國，台灣顯得更為壯大。不就是十幾年前嗎？一般台灣人在面對中國人、香港人、韓國人，甚至新加坡人，即使沒有高人一等的優越感，至少自認平起平坐。而今天呢？這些國家地區在很多面向都早已超越台灣或正在超越台灣。

不少台灣人不喜歡大陸人，認為大陸人沒品、粗魯、教養不如台灣人，但不論台灣南北，高興也好、委屈也好、憤怒也好，不都是在接待大陸客？嫌人家黑心食品多，人家有地溝油，我們的餿水油、飼料油、銅葉綠素油、沒有花生的花生油等等，何嘗多讓？他們有橡皮圖章的人大、政協，我們的立法院被國際評比為全球最爛的國會之一，又有比較高明嗎？

再說句長他人志氣、滅自己威風的話，我們以民主票選出來的最近三位總統，李登輝、陳水扁及馬英九，有比大陸的江澤民、胡錦濤、習近平表現更優嗎？國際上看法恐是正好相反。

總而言之，對方愈來愈強大，我方愈來愈不堪。

美國為自己利益背叛盟友，史跡斑斑，國民黨在大陸及台美斷交就有二次被拋棄的經驗。若未來因某種情勢，美國有求於中共，而公開宣稱台灣是中華人民共和國的一部分，中國派兵進駐台灣，台灣將如何自處？大家奮勇殺敵？還是有人效法當年辜顯榮開台北城歡迎日軍進城？現今兩黨政治人物及各大財團，無不親往北京，絡繹於途，也沒少掉哪一位；就是目前不宜者，也至少多次派代表前往「溝通」，甚至派人長期駐北京。雖然絕大部分台灣居民不願做中華人民共和國的子民，但屆時形勢比人強，爭相爭取特首及籌安會委員大位，也不令人意外。

台灣不斷惡性循環。藍綠惡鬥，內鬥內行，立委濫權、立院空轉、媒體八卦、官不聊生、施政無方、官商勾結、廠商黑心、民粹買票、國庫空虛、貧富加大、階級對立、民眾不婚、不育、不養、不活、教改失敗、青年人沒有前景。任何改革環環相扣，發動改

革，總有既得利益者反彈抗爭，每易失掉政權；但若不改革，國家不斷沉淪，最終必失掉國家。

天是否保佑台灣，還是讓明鄭歷史重演，不可而知，唯此刻若能喚起台灣人民自己奮起，或尚有若干機會。若干朋友倡言在大選至少半年以前，召集理性公民舉行體制外公民論壇。要達成共識不易，結論推動更為困難，但或可成為大選政見的主軸，逃脫無止境的沉淪。雖然困難，雖然很容易又被分為藍綠，但我真心相信，此刻台灣仍有許多如我一般抱持愚公心情，不甘心台灣就此一敗塗地，伊于胡底的人，而此時正是理性公民應該發聲、應該挺身的關鍵點。

我是公衛學者出身，公平分配正是公衛的核心精神，全民健康不能有貧富貴賤之分，《禮運大同篇》中的「故人不獨親其親，不獨子其子，使老有所終，壯有所用，幼有所長，鰥寡孤獨廢疾者皆有所養」，更是一生追求的目標。因此，這本新書我花了很大的力氣在討論政府施政何以不分藍綠，長期向資本家傾斜，以致人民貧富不均惡化、國家失去未來與希望。盲目向「右」的思維若不調整，台灣絕對無法走上公平正義的翻轉之路。

本書的完成，首要感謝另一位作者邱淑宜女士，

將理念構想加上佐證資料，整理成通順易讀的文字，真難為她了；在全書架構上則深深感謝丁希如博士的費心指教；逢甲大學商學院長王葳教授對若干財經議題不吝指正；時報出版公司總編輯余宜芳女士，不棄本人才疏學淺，力邀著書出版，不勝榮幸與感激；主編李宜芬女士辛苦編輯成書，在此一併致謝。

助理王孝慈小姐，精明能幹，效率奇佳，不但協助打字整理文稿，更精準的代為安排行程。

特別要感謝的是亞洲大學蔡董事長長海及蔡校長進發，對我的工作不力不但百般容忍，又提供一流的研究室及研究助理，特此申謝。

2015年11月25日於亞洲大學

第一部

這樣下去，
我們必定失去國家

2014年九合一選舉，政治版圖藍消綠長，藍心急，憂失去政權，綠大喜，樂奪權有望。2016年年初的總統大選，藍營心心念念，全是如何保住政權，綠營步步為營，也全是如何「翻身」從在野變執政。

　　執政或在野，是政治權力的分配，但兩黨在爭奪政權時，有沒有想到，台灣根本問題也在分配？台灣社會持續崩壞衰敗，癥結在政府長期漠視分配正義，絕大多數人民產生強烈的相對剝奪感。九合一國民黨慘敗，其實無關藍綠或意識型態，而是人民覺得政府成了「剝削者」，因而用選票表憤怒。

　　分配，是刻骨銘心的問題，政權的得失，與人民是否擁有公平正義的分配大有關係；分配不公，是無論誰執政都必須解決的問題，政府如果感受不到人民的痛，人民將收回交付給政府的權力。民主國家，政黨失去政權是常事，但請千萬不要為了保政權，搞到失去國家！

第一章

悲慘世界誰造成？

政府對人民痛苦無感，台灣加速崩壞

三年過去了，「台灣的崩壞」不但沒有好轉，反而加速行進中。
人民用街頭運動、用選票，多次向執政者發出抗議的怒吼，
執政者也心慌也憂慮，但他們知道問題出在哪裡嗎？

2012年我寫了《台灣大崩壞》這本書，從台灣年輕人的「不婚、不生、不養」、老年人自殺率高的「不活」，及民眾普遍覺得「沒有前景」的「四不一沒有」，探討台灣社會面臨的挑戰。

一晃眼，三年過去了，「四不一沒有」非但沒有改善，還持續惡化，台灣的崩壞仍是現在進行式，速度也加快了！

台灣版「悲慘世界」

有沒有一個國家，老人「老無所終」與稚兒「幼無所養」的悲劇一再上演，但政府無動於衷？有的，台灣就是！

這幾年每隔一段時間，社會新聞版面便有「老人殺老人」的悲劇。

2013年，一名75歲老先生將不良於行，坐在輪椅上的失能老伴推下水埤，自己再跳下去共赴黃泉；2011年，一名老翁拿鐵槌將螺絲起子釘入妻子頭部，依殺人罪起訴，老翁「認罪不認錯」，泣訴是國家害他親手殺死妻子。原來妻子久病纏身，而他健康狀況也不好，擔心離世後獨留愛妻受苦，只好出此下策。王姓老翁被判刑八年，在獄中第二年就因病過世。

銀髮悲歌並非獨奏曲，而是多重奏。2009年，高雄市一名長期照顧久病臥床婆婆的媳婦，在力不從心、身心俱疲的狀態下，用枕頭將婆婆悶死後投案；2012年，鄰里眼中是孝子的45歲男子，以電線勒死他長期照顧的母親後投案，姊姊到場後，擁著弟弟哭說：「我知道你累了」。

他殺之外，還有自殺。據衛生單位統計，近年來台灣老人自殺率節節升高，且年紀愈高，自殺率愈高。在應該頤養天年、含飴弄孫的時候，台灣的老人為何愈活愈淒慘？因為養老得靠自己，一旦久病纏身，自己跟家人都痛苦。照顧老人或失能者所耗費的體力、心力及金錢，超乎一般人想像，照顧者每每因

壓力過大而崩潰；而年輕人為了生計奔波打拚，自顧尚且不暇，照顧失能老人的責任常落在另一個老人身上，年輕一輩長期照顧生病長者，身心都難以負荷了，何況老人照顧老人，其間的辛酸更是無以名狀。

不敢生或養不起孩子

悲慘世界的另一隅，上演的是「幼無所養」，養得起孩子的沒有勇氣生，養不起孩子的糊里糊塗生，結果就是失業沒收入的年輕父母偷奶粉的事情一再發生。2012 年初，桃園一對父子先後在賣場偷奶粉被捕，少年為襁褓中的妹妹偷奶粉，爸爸則是為女兒偷奶粉；2012 年 12 月，高雄一名獨力撫養 5 歲及 10 個月大孩子的單親媽媽，兩個月之內五次到大賣場偷奶粉被逮，她每次都抱著小嬰兒行竊，檢察官考量到孩子需要媽媽照顧，五抓五放。

但相較大人自殺拉孩子陪葬，讓孩子餓肚子已經不算大問題了。近年來年輕父母或因經濟因素，或因感情問題，攜子走上絕路的慘劇一再發生。看看這些新聞標題：「『錢』關難過，雙親攜子共赴黃泉」、「賭掉人生，父攜 8 歲兒燒炭」、「一家四口薪 2 萬，妻攜兒女燒炭」……。

孩子何辜？每每看到這種新聞，都既難過又憤慨，新生命是國家社會的共同資產，我們的將來都要靠他們，提供穩定安全的成長環境，難道不是群體的責任？

如果政府已建置完成老年照護措施，許多家庭就不會為照顧長期臥病在床的長輩心力交瘁；如果政府支持母乳哺育能像北歐國家達到九成哺育率，沒錢的年輕爸媽何至於去偷嬰兒奶粉；如果政府有周延的高風險家庭關懷系統，邊緣家庭的父或母何至於求助無門，只能帶孩子一起自殺！

這一類悲慘新聞播出後，社會往往一片同情與唏噓聲，有的店家甚至送奶粉給行竊的年輕父母，但政府部門卻悄然無聲，是對底層民眾生存的艱難視而不見嗎？以偷奶粉的事情來說，如果發生在日本，就算首相不下台，厚生勞動省官員也會丟了烏紗帽！

茫然的青壯世代

缺乏完善的老年及幼兒照護措施，老人可憐、幼兒可憫，青壯世代也不好過。年輕人煩惱學貸、煩惱找不到工作、煩惱薪水只有22K；中年人憂常放無薪假、憂公司工廠外移工作不保、憂年資愈深得到的不

是更高的薪水和福利，而是名列裁員優先名單。

找不到正職工作，眾多就業人口流向派遣業。台灣的職場，幾年之間派遣人力大幅增加，依政府官方數字，2012年全國派遣勞工有96,651人，但依《今周刊》2013年9月的報導，全台派遣工多達57萬人，數量直逼派遣大國日本；國科會曾調查派遣人員平均薪資，只有26,800元，真可謂血汗勞工！

派遣工價廉，無法享有正職人員的福利，大幅降低人事成本，民間企業覺得好用，政府機關也愛用。官方統計顯示，2012年在政府機關工作的派遣勞工有10,738人，各部會中，輔導勞工就業的勞委會職訓局裡，派遣人員高達1,806人，接近正職人員（985人）的兩倍，相當諷刺；此外，農委會及教育部也有高比例的派遣人員；而在政府部門的派遣員工，有20%年資超過五年，有1,200人有碩士以上學歷。

大量的派遣勞工付出和正職人員一樣多，甚至更多，所得卻遠遠不及正職人員，就業市場中的種種怪現象，又是何以致之？

寫《台灣大崩壞》時，我曾預言隨著學生數逐年遞減，台灣的大學將一家家倒店，學界則預測在少子化衝擊下，台灣自2016年起將陸續有私立大學關

閉，只是沒想到這一天提早兩年到來，2014年台灣就「倒」了兩所大學。

2014年年初，位在屏東的高鳳數位內容學院，因開辦以來一直招生不足，無法支撐學校營運，在2月24日開學這一天宣布停辦，成為國內160多所大專院校中，第一所吹熄燈號的大專院校。高鳳剩餘的600個學生，由教育部安排轉學到高屏地區其他八所技職院校就讀。

2014年8月，屏東永達技術學院宣布自103學年度起停辦，成為第二所退場的大專校院。永達創校於1969年，原是工專，1999年改制為技術學院，最高峰時學生人數接近萬人，但生育率逐年降低，招生每況愈下，逐年萎縮，和高鳳一樣，永達停辦前學生也只剩600多名，也一樣由教育部協助安置到其他學校就讀。

隨著新生人數一年年減少，招生困難的私立大專院校愈來愈多，無不想盡辦法苦撐，有些學校要求老師當業務員，到高中職宣傳招攬學生；有的學校要求老師承接研究案或產學合作案，挹注學校經費；有的學校財務窘迫到刪減老師研究費、教職員薪水或年終獎金打折，永達技術學院在停辦前，已經連續三年停

發年終獎金。

少子化的顯性與隱性影響

學校倒閉，只是少子化的「顯性」效應；少子化的「隱性」影響，是勞動力短缺、人口結構改構，對國家及社會的發展非常不利。

台灣在 1970 至 1980 年代經濟大幅起飛，可說是天時地利人和的結果。天時地利是指當時大環境佳，人和則指有充沛的人力：第二次世界大戰結束後的「戰後嬰兒潮」，自 70 年代陸續步入青壯年，為台灣打拚出一片天，造就「亞洲四小龍」的輝煌榮景。那時台灣的人口結構為正金字塔，老人少、新生命多；但現在逐漸邁向倒金字塔，老年人口成為主要人口，新生人口愈來愈少。試想，三角形尖角在下，搖搖欲墜，怎麼樣都無法穩穩屹立在地面上。

2014 年行政院國家發展委員會提出的最新台灣人口推計顯示，台灣人口零成長的時間點，將比原預估的提前三年至四年，估計 2019 年之後，台灣人口就會負成長！如果出生率無法提振，到 2061 年，台灣人口可能只剩下 1,660 萬人，只有目前人口的七成，與 2010 年行政院經建會的「2010 年至 2060 年

台灣人口推計」報告中，預估 2060 年台灣人口總數為 1,719 萬人相較，又減少 59 萬人。這顯示台灣人口以驚人的速率減少中，而且人口結構將嚴重失衡，小孩愈來愈少、老人愈來愈多。國發會預估台灣在 2018 年進入「高齡社會」，屆時 65 歲以上人口超過 14％，2025 年進入「超高齡社會」，屆時 65 歲以上人口逾 20％。

更糟的是，台灣少子化嚴重、孩子愈生愈少，生力軍補充不夠、不及，2015 年台灣 15 到 64 歲的工作年齡人口達到高峰期後，將逐年遞減，青壯勞動力市場的缺口愈來愈大；2060 年時，台灣工作年齡人口將不到總人口數一半，食之者眾、生之者寡，一個工作人口要養兩個老人，是難以負荷的重擔。負責養家的人再怎麼努力，恐怕都難以支撐家裡的開銷，「老無所終」等社會問題將更嚴重。

人力相等於國力，沒有人力就沒有國力，更沒有競爭力及生產力，衝擊產業發展、影響社會安定，而且工作人口大減，不但國家的 GDP 無法成長，還意謂政府稅收大減，政府財政將更困難。

日本失落二十年，台灣呢？

洛桑管理學院和博鰲論壇每年公布的國家競爭力評比，台灣這幾年的排名都「不進反退」，連年下滑。現在都已經如此，等到勞動力銳減時，台灣會是什麼樣子？日本曾經有過的「失落的二十年」，是一面亮晃晃的鏡子！

1990年代開始，日本由於資產泡沫化，全國經濟陷入低迷，這固然是先前日本政府為了提振經濟發展，採取寬鬆貨幣政策起的頭，但低迷延續長達二十年，則是「少子化」雪上加霜的結果。

經濟體質已不佳，長期出生率低，勞動人口銳減，社會無法累積財富，加上日本1994年步入高齡社會，2006年步入超高齡社會，龐大的公務人員退休金以及國民醫療費用，讓日本政府債台一年一年築高，每年都創歷史新高，國家負債已達天文數字。據日本財務省統計，至2013年底，日本包括國債、借款和政府短期證券在內，國家債務餘額為1,017萬9,459億日元，日本國民的人均負債額約為800萬日元。

嘗過少子化的苦果，日本牢記教訓，2014年日

本首相安倍晉三公布「2060一億日本人」方案，以穩住一億人口為施政目標，首要之務為提升婦女生育率，由目前每個婦女生育1.43個嬰兒，到2030年時提高到2.07個嬰兒。難度很高，但至少政府的態度擺出來了。

台灣呢？我們的少子化警鐘其實很早就已響起：2001年台灣育齡婦女人口成長率由正轉負，台灣生孩子的女性變少了；2002年婦女總生育率跌破1.3，進入「超低生育率」年代；2010年台灣生育率只有0.89，2013年的生育率也才1.07，不但全球最低，比日本的1.43還低了很多，但政府做了什麼？

據媒體報導，台灣生育率遽降已成為亞洲人口學界的熱門議題，日本人口構造研究部部長鈴木透表示，台灣是人口2,300萬的國家，根本不該發生這種事；近年來日本多位人口學者來台了解生育率低的現象，但令他們最驚訝的是，「台灣竟然完全無感」，日本專家認為，「台灣人都覺得無所謂，我們就不必幫你們乾著急了。」

人口結構攸關經濟發展、社會安定，台灣生育率直直落，不是所有人都覺得無所謂，很多人很急的（包括我）。十年來學者專家一再提醒政府重視少子

化問題，但政府除了花百萬元徵得一句空口號：「孩子是我們最好的傳家寶」，沒有提出進一步讓年輕人願意成家育兒的對策。

人民很困惑，在當政者眼中，究竟什麼事才是值得重視的大事？老人殺老人、年輕父母偷奶粉餵小嬰兒、攜子走絕路等太常發生，稀鬆平常，所以不必當一回事？年輕人找不到工作、中高齡壯年失業已經是長期現象，大家不也照樣一天一天過，所以不必想辦法解決？生育率低的影響，是十幾、二十年以後才要面對的問題，所以現在不必管它？

放任「四不一沒有」惡化，結果就是台灣持續且加快速度崩壞，這些台灣問題的基本盤，比眼前大家看得到的還嚴重許多，不止血，年輕人的未來只會更悲慘！

而施政者對人民的痛苦無感，人民為什麼要支持這樣的政府？回頭看，「四不一沒有」不但預示了2014年3月太陽花學運發生的潛因，也預示了執政者「九合一」選舉中大敗的結果，但政府真的知道敗因是什麼嗎？

忍不住要罵一句：「笨蛋，問題在分配！」

第二章

你覺得被剝奪嗎？

分配不公刻骨銘心

政府把拚經濟當目標，一味追求經濟成長的數字，完全忽略分配，
經濟成長的果實都被少數人搜刮走，勞動者所得不進反退，
結果是國家財富雖然增加，但民眾更不幸福了。

　　有一年夏天我到蒙古，看到公羊的生殖器都套著
塑膠袋，為什麼？做何用？問了當地人，原來是節育
用，避免公羊及母羊交配。因為母羊若夏天懷孕，將
在嚴冬生產，但冰天雪地寸草不生，沒草吃小羊活不
了。所以蒙古人讓羊隻在冬末交配，小羊生下來時是
初夏，正好有草可吃。傳統蒙古牧民還有個習慣，夏
天不宰牛羊，只喝牛羊乳及吃乳製品，冬天牛羊少草
吃且人需要熱量，才宰殺牲畜來吃。

　　依季節變化調節牲畜生育、規劃糧食配置，確
保一整年不虞匱乏，這就是「分配」的重要。持家必
須重視分配，治國更須重視分配，社會才會安定。台
灣當前諸多社會問題發生的癥結，就是分配！政府只

顧拚經濟，餅做大卻沒有公平分配，一般普羅大眾分到的餅更小，薪資倒退十五、六年，施政資源又分配不均，造成老無所終、幼無所養及壯無所用等社會問題，大家心中不平可想而知。

台灣，欠缺分配正義！

分配才是經濟發展的目的

分配為什麼重要？

不只蒙古人，農業社會時，人們在農作物或漁獲豐收時，或曬乾或醃漬長期保存，固然是為了惜物惜福不浪費，也是備不時之需，萬一來年欠收，家裡還有食物裹腹。「分配」之所以重要，就在於分配做得好，生活便不虞匱乏，伴隨而來的「擁有」，更帶來心理上的安定與幸福感。

經濟學的基本邏輯很簡單：用最少的資源生產最多的東西，達到最大的滿足。經濟」一詞，不論對國家、社會、企業、個人，都有兩層意義：一是以最少的資源產出最多的果實；二是將有限的資源做最好的配置，以求帶來最大的效用及福祉。

總而言之，「生產」只是經濟發展的手段，「分配」才是經濟發展的目的。國家合理分配預算於教

育、健康、研發、基礎建設、社會福利、國防外交等，為全民創造最大的幸福（Gross Happiness）；個人及家庭依需求及喜好，將有限的財富分配在食衣住行育樂上，獲得最大的滿足。

用台灣目前的流行語「確幸」來說，大家努力工作，追求的就是確幸。小確幸如一頓美食、一趟小旅行，為日常生活帶來雀躍與快樂；大確幸如存款數字不斷上升或購車置產，為長遠人生帶來安全感。

生產的目的既是帶給人們福祉，那麼追求經濟的無限成長，就沒有意義。

不論總體或個體，財富都會有「邊際效用（福祉）遞減」，也就是同樣的東西擁有的數量愈多，快樂並不會倍數增加，反而呈下滑趨勢。例如一個家庭擁有第一部電腦的快樂若是100，則擁有第二部時的快樂絕對比100少，到了第三部，快樂可能還不到50，到第四部、第五部，愈來愈無感；等第六部電腦進家門時，說不定還苦惱要擺哪裡，嫌它占地方。但這時候如果把第六部送給沒有電腦的家庭，那麼這部電腦為受贈家庭帶來的快樂，即刻回升到100。

金錢也是如此。在同一個時空點，社會的整體財富是固定的，若集中在少數人手裡，便無法充分發揮

金錢的效用，但分配較為平均，就可以提升財富帶給整個社會的福祉。

團結力量大，錢分散使用，個人短期受惠；集中使用，群體長期受益。人民之所以要繳稅給政府，就是因為個人的錢只能創造個人的幸福，個人的錢不能造橋鋪路、興建捷運、處理垃圾、支付警察及消防隊員薪水。因此個人繳稅給政府統一運用，讓錢發揮更大的效用，讓政府有財力做個人的錢沒辦法做的事，創造群體幸福，個人也因此過得更幸福。

相對剝奪感的產生

在正常狀況下，國家經濟成長，人民所得及生活水平應該跟著「水漲船高」，因此聽到政府高喊拚經濟，為了讓家中老小過好日子，人民願意吃苦願意拚。但台灣的情況卻是政府把拚經濟當目標，一味追求經濟成長的數字，完全忽略分配，這就是為什麼2010年台灣經濟從2009年金融海嘯反轉，馬英九總統得意大談經濟成長率達到8％時，得到的卻是普羅大眾的噓聲。因為近十年來勞工生產不斷上升，但經濟成長的果實都被少數人搜刮走，勞動者所得不進反退，經濟成長幅度比不上所得分配的惡化，結果是

國家財富雖然增加，財富所帶來的效用及福祉反而減少，民眾更不幸福了。

當人們努力打拚，卻因外在因素導致「獲得」與預期有了大不如前的落差，「相對剝奪感」便油然而生。

西方社會在探究社會運動及革命發生的原因時，「相對剝奪感」是重要理論之一。簡而言之，「相對剝奪感」就是一個人會依自身家世條件、教育程度、知識能力，及努力程度等等，對自己工作所得及社會地位訂出期望值。如果實際情況接近、相符或高於期望值，他會滿意現狀；但若實際情況低於期望值，人們往往會認為原本自己應該擁有的被剝奪了，因而產生挫折、憤懣等負面情緒。由於這種剝奪感是比較而來，稱為「相對剝奪感」。

現實與期望差距愈大，相對剝奪感愈強，一般來說，有三種情況會加深相對剝奪感。一是個人的期望沒變，但原本擁有的減少了。比如高學歷的派遣工拚死拚活，薪資仍只有20K左右；退休軍公教人員退休金的18％優惠利率被取消；或是遭遇經濟大恐慌，個人或家庭財務發生危機等等。

二是個人能力沒有提升，但期望增加了。比如

開發中國家的人民，本來安分守己過日子，但因資訊開放，知道先進國家的人民沒有比自己更努力或更優秀，所得及生活品質卻優於自己，就會對現狀產生不滿。

三是個人能力雖有提升，但由於社會環境變遷，個人期望增加更快，比如台灣經濟起飛後，大家都有能力買車，有人只買得起國產車，但眼見薪資差不多的同事竟然開進口車，雖然對方可能是父母金援或貸款買車，但不免還是會產生相對剝奪感。

如果相對剝奪感的產生肇因於認為自己能力不足或努力不夠，這是個人問題，當事人要自己面對並設法解決。有上進心者會自我期許提升能力、加倍努力，就像諾貝爾經濟學獎得主沙金特博士說的：「勤奮、努力，就是成功的要素。」相信不少台灣人提及王永慶及郭台銘這兩位白手起家的企業家時，都會有這樣的想法。

年輕人喟嘆生不逢時

但有時產生相對剝奪感並不是個人因素，而是政府施政及社會體制等外部因素造成。上層有權勢人士訂定的遊戲規則，造成貧富差距拉大、機會不均等現

象，底層人再怎麼努力也翻不了身。

台灣目前即是如此！

台灣近十年經濟總體GDP成長約30％，但實質薪資卻倒退回十六年前的水準，有人找出1993年報紙分類廣告徵人啟事拍照放上網，當時瓦斯送貨員薪水50K以上，快遞外務員月薪35K以上，今昔對比，令現今年輕人唱嘆生不逢時！

時至今日，台灣青年學歷普遍提高，但職位及薪資卻比以前低；而且和其他國家相比，很多國家的年輕人並非擔任主管職、工作時間也沒特別長，如澳洲、紐西蘭，但薪水卻是台灣年輕人的好幾倍，台灣年輕人如何能不產生相對剝奪感？

買不起房子，是人民另一個揪心之痛。薪資低又原地踏步，但房價漲勢銳不可當，無殼蝸牛想要一個殼，已經不是努力就能達成的願望，難度等同摘取天上的星星，又是一個相對剝奪感高的例證。

此外，貪瀆、腐敗、關說、尋租（Rent-seeking，又稱為競租，是指為壟斷社會資源或維持壟斷地位，從而得到壟斷利潤所從事的一種非生產性的活動）等情事，輪番躍上新聞版面，從行政院前秘書長林益世擔任立委的索賄案，到前桃園縣副縣長葉世文合宜住

分配正義
救台灣

宅貪瀆案。當時行政院長江宜樺明知葉世文在營建署長任內有風紀問題，卻仍允許他退休，讓葉可以領取退休金，這種鄉愿心態久存台灣政壇，而潤泰集團總裁尹衍樑拒絕葉世文索賄，推掉葉送上門的利益，向行政院提出檢舉，鄉愿官僚與良心企業家，對比強烈！

我任職衛生署長時，整頓涉及不法的署立醫院，就不讓涉嫌貪瀆的署立醫院院長及主任們安穩退休。或許我會被他們記恨一輩子，但這是擔任首長的「原罪」，否則不肖公職人員及高階公務員憑藉人民交付他們的職權，敢要敢拿，鉅款及豪宅不勞而獲，苦哈哈的人民看在眼裡能心平嗎？相對剝奪感的刻度又升高好幾度。

當人民的相對剝奪感愈來愈高，任何一個小事件都可能成為爆發口，噴發出殺傷力強大的沸騰民怨。但政府似乎一直沒搞懂民怨癥結所在，所有政策仍是偏袒富人，依然繼續貶抑勞動價值、繼續施政不公，強化不合理的社會體制。

讓每個人都能分到足夠的餅

資本家與勞工如何分配生產的果實，始終是爭論

不休的議題。一個國家無論向右走還是向左走，都需要政府介入分配，否則就像現在的台灣，社會問題叢生。

社會主義國家與資本主義國家，分配順序大不同。社會主義國家也重視經濟發展，但更重視國家的組成份子——人民，把照顧人民放在第一位，稅收有高比例花在社會福利及安全上，面面俱到；資本主義國家奉行自由經濟，賺錢優先，施政主要追求經濟成長，而且有些「物競天擇」的味道，有能力有本事者，不論正當與否，賺得金山銀山都是自己的，政府稅連支應公共建設都不足，對弱勢的照顧更無法周延。

台灣的「生產」及「分配」不但未平衡，還與人民的期望相去甚遠。

然而不只個別國家，分配也是全球面臨的問題。依聯合國統計，全球饑餓人口超過9億，全世界一天約有24,000人餓死，每6秒鐘就有1名兒童死於與饑餓有關的疾病，因此全球不斷有增加糧食生產的呼聲。但其實全球生產的糧食，可以讓每人每天分到3,000大卡的熱量，足夠生存所需，生產更多糧食只會對地球生態造成更大負擔。

因此重點不在增產，而在分配。以地球村的概念

分配正義
救台灣

將全球生產的糧食適當分配，富國不浪費，窮國獲資源，就能大大減少飢餓人口！同理，一個國家社會，只要做好分配，即使經濟成長有限，依然可以提升財富效用，讓人民覺得過得幸福，也就是，重要的不只是把餅做大，更重要的是每個人都能分到足夠的餅。

台灣近三任總統、財經官員及資本家，一再強調拚經濟，認為把餅做大，窮人才能分到一杯羹，但歷史卻證明，只有窮人也有餅吃（受教育、保健康、可溫飽），餅才可能做大。雞生蛋，但也要有蛋才能孵出雞。缺乏分配正義國家的人民，特別是有能力肯冒險的人民，就會不斷逃離，這就是今日的台灣。

分配，是刻骨銘心的問題，也是艱鉅的任務，考驗執政者智慧。

第三章

一切政府出錢？

分配效能考驗大家的智慧

國家分配有兩大關鍵，一是錢從哪裡來，二是錢往哪裡去。
前者靠稅制，而台灣的稅制劫貧濟富；
後者靠施政，台灣的施政輕重緩急不分，又兼貪汙浪費不斷。

　　從古到今，大家庭分家都是一本難算的帳，其中的恩怨情仇甚至可以拍成連續劇，即使一家之主自認已經做到公平，但一定還是有子女抗議分配不公。家庭資源的分配都難以做到人人滿意，何況國家！分配的確是吃力不討好的工作（所以才需要政府），政府不但要公平分配經濟成長的大餅給人民，消弭相對剝奪感的產生，政府研擬推動的每一項政策，也都要顧及分配的公平性。

　　以前有個笑話，軍閥看籃球賽，不解為什麼球場上10個人要辛苦搶一個球，下令一個人分配一個球，以示公平。然而，所謂公平分配，並不是一視同仁，必須視匱乏情況及程度，以及負責分配的人手上

掌握多少資源，亦即分配有兩大關鍵：一是錢及資源從哪裡來，二是錢及資源往哪裡去。

錢從哪裡來？

錢非萬能，但沒錢萬萬不能，平民百姓開門七件事，柴米油鹽醬醋茶，哪樣不花錢？政府各項施政及建設，更是項項花錢，小至公家機關的紙杯茶包、文具用品，地方政府架設路燈、種植路樹、闢建社區公園，到中央層級的桃園國際機場航廈改建工程、九合一選舉投票前大出風頭的台中國家歌劇院等重大公共建設，都是政府出錢。

除了施政所需，政府還要養所有軍公教人員，從基層公務人員到總統、五院院長、各部會首長；從鄉鎮市代表到縣市議員到立法委員；從各級公立學校的教職員到校長；從小兵到大將軍，還有警察、消防隊員……，所有的薪資及軍餉，統統靠國庫支出。

國家一切政務離不開錢，所以有「財政為庶政之母」的說法，但這個「母親」錢從哪裡來？政府財源包括稅收、罰款及賠款、規費、國營事業收入及盈餘、投資基金獲利等等，其中稅收是國庫最主要及最穩定的財源，以2014年度來說，國庫每100元收入

就有73.5元是納稅人繳納的稅金，其餘26.5元來自其他財源。

稅收既是國家最重要財源，要確保稅收能支撐國家大計，有五個要點：

一、稅制公正。有所得就要扣稅，而且要量能課稅，富人負擔多一些，窮人負擔少一些。

二、稅收充足。政府無須增加國債或當敗家子賣祖產。

三、稅收穩定。不會因稅法朝三暮四（例如不斷推出減稅措施）導致稅收大起大落，今年豐收明年欠收，才能進行長期規劃。

四、效率。也就收取便利，而且課稅成本低。

五、中立。不影響社會正常運作，比如所得稅法規定夫妻非薪資所得「強制合併計算、合併申報」，導致不少家庭納稅級距提高，比單身時繳更多的稅，被批是懲罰婚姻，這就是不中立。

但台灣稅制長期不公，被譏為劫貧濟富，政府不斷減稅造成稅收不足及不穩定（第十章將討論台灣當前稅制問題），無法因應施政所需，年年歲出大於歲入，搞得政府必須以賣國有地、釋出國營事業股份以及發行公債等方式籌措不足的預算。更不好的是，政

府不但開源方式有問題，用錢方式也大有問題。

錢往何處去？

　　無論家庭還是國家，擁有的金錢及資源都不是無上限，必須考量排擠效應，審慎規劃用度，排出使用順序。家庭日常生活花費如飲食及交通可奢可儉，但有些項目像子女教育及房貸或房租等，不能省也省不了；此外，還得預留突發狀況的支出，如緊急就醫的費用等。政府則是在編列年度預算時排出用錢的優先順序，施政方針決定錢往何處去及如何使用，施政方針同時也是一面「照妖鏡」，反映出執政者心中重視的是什麼，施政項目哪些重要、哪些不重要。

　　資源有限，無論怎麼規劃，都會有排擠效應，以我最熟悉、也跟大家生活息息相關的健保為例，即存在很大的排擠問題。

　　健保開辦以來，社會各界一直爭論應該「保大或保小」還是「大小通保」。健保保費收入固定，並非無上限，應該用在支付小毛病就醫還是重大疾病的診治？但如一般門診不納入健保給付，會不會讓患者卻步，結果小病一拖變大病？「小病不保」變成「小命不保」？

在「保大」這一塊，又要如何規範？近年來火紅的葉克膜，1994年引進台灣逐漸發展，健保自2002年12月開始給付。葉克膜原本知名度不高，醫院使用上也頗節制，但這幾年由於媒體不時報導葉克膜從鬼門關搶救回重病患，讓病患家屬視葉克膜為「醫療神器」，加上有健保給付，使用率大幅攀升。

根據行政院健康保險署統計，台灣幾乎區域級以上醫院都有葉克膜，近年來每年使用葉克膜搶救的病患約在1,100人之譜，每年健保支出9億多元，是全球葉克膜普及率及使用率最高的國家，以致醫界有個笑話，「葉（克膜）醫師」才是台灣最有名的醫師。但葉克膜並非無往不利，它的主要功能在急救急性心肺衰竭病患，不少病患即使救回來，也成植物人狀態，送入加護病房，一天又是兩、三萬元的花費。

照護植物人花費高，但延續的並非高品質、有尊嚴的生命。據統計，近年來台灣因呼吸衰竭必須長期仰賴呼吸器的病患有3萬多人，每年花費的健保給付高達260億元，其中七成是植物人。

全民健保每年支出五千多億，有一千六、七百億以上是用在「送終」，也就是用在病患過世前三、五個月。生命可貴，很多時候不醫治搶救，就不知道

病患能否獲救或延長生命。生命無價，如果錢花下去能把人救回來，花再多錢都值得而且必要，但如果很明顯是無效醫療呢？明知是浪費醫療資源，還要持續嗎？把錢投注在無效醫療上，只是增加健保與家屬的負擔；而多花錢還是小事，延續對生命的折磨及家屬的苦痛，才最令人不捨。

幾年前我卸下衛生署長一職後，一位我向來尊敬有加的、為罕見疾病患者爭取權益的推手，找我簽名支持健保支付某罕見疾病特殊藥品。此罕病全台已知有7名病患，每年藥費一億元，可延長壽命約一年。然而醫療資源有限，在台灣許多偏鄉至今仍面臨一般急重症無法獲得治療的困境下，這一億元是否應有優先順序及成本效益的考量？是該拿來救多數的偏鄉急重症病患，還是該用來救少數的罕病患者？可見做決定之困難。

分配是艱鉅的任務

預算怎麼分配，考驗執政者的智慧。社會福利措施由政府挹注資源照顧弱勢，可說是分配正義的實踐，但預算編列既有比重及順序，有些項目勢必被擠到邊陲甚至被犧牲。近年來政府編列預算，社

會福利經費雖逐年提高，2011年度3,469億元，占中央政府年度總預算19.4％；2012年度4,354億（占22.5％），2013年度4,390億元（占22.6％），成為國家最主要的支出項目，但分配及運用大有問題。

數字會說話，數字也會欺瞞，像2013年度的社會福利預算雖有4,390億元，看起來多得不得了，但其中有67％（多達2,970億元）是用在軍公教退休金，補助包括公保、勞保、農保及全民健保等各種社會保險，以及彌填社會保險的虧損。高比例的社會保險支出，相當程度排擠其他社福項目的運用，真正能用在弱勢族群的福利預算其實很有限。

以失能照護這一塊為例，目前台灣需要人力照顧的失能者約73萬人，其中絕大多數是老人（台灣每年新增20萬名以上老人，其中有5、6萬人需要長期照護），經濟負擔得起的家庭可雇用外籍看護工，目前外籍看護工人數約20萬人，每人以年薪25萬元計算，每年總共支出500億元以上。

而政府從2007年起展開的十年長期照護計畫，在2012年的預算不過32億元，相較雇用外勞的500億元，只是杯水車薪，相當於只照顧11萬個失能者，再扣掉已有外籍看護工照顧的20萬人，還有超

過40萬個失能者由家人獨力照顧，特別是由老人照顧。另外，失能者中約有20萬人是失智老人，政府體系能照顧到的只有兩、三千人。

看顧失能及失智者非常辛苦，平均每個老人過世前，男性需要五年、女性需要七年的長期照護。家中有需要長期照護病人的家庭，尤其是弱勢家庭，迫切需要社福措施伸援手，才不會拖垮一整個家，然而從目前國家財政及分配的情況來看，期待政府預算支付長照費用，無異緣木求魚，因此，老年照顧者對自己摯愛的伴侶或父母痛下殺手的人倫悲劇，未來恐怕會不斷發生。

婦幼福利措施也有相同的窘境。台灣生育率直直落，近年來政府大力鼓勵生育，卻沒有經費可以推出整套措施，解決職場對懷孕婦女不友善、孩子出生後托育不易、育兒花費高等問題，要解決少子化嚴重的問題，真是難難難。

用之於民，要用對地方

取之於民、用之於民，是政府的責任，但用之於民要用對地方。我們的政府常覺得委屈，又不是沒做事，為什麼民怨這麼高？公部門似乎怎麼做怎麼錯，

老是被罵臭頭？就是因為政府使錯力，資源錯置及分配失當的作為比比皆是。

教育是單項預算分配不均的例子，全台從北到南的蚊子館，則是整體預算胡亂浪費的例子。

教育是一個國家的重要施政，但我們的政府將大部分教育預算用在高等教育如「五年500億邁向頂尖大學」，高額預算用在少數大學，基礎國民教育預算支出卻偏低；而且統計指出，人事費用即占去各縣市教育經費的九成，真正用在中小學學生身上的經費極有限，結果就是中小學代課老師或鐘點老師一堆、教室設備老舊但沒錢只能排隊等更新、營養午餐經費也不足。

基礎教育辦不好是一個國家的羞恥，預算有限，政府應優先將錢用在中小學教育，否則根都爛了，還談什麼頂尖？真正的頂尖大學，本身應該具備募款能力，而不是坐等政府的優渥補助。

台灣歷來蚊子館的數量已經多到能集結出書。藝術家姚瑞中2010年帶領大學生組成「失落社會檔案室」，實地走訪全台，調查耗費鉅資卻閒置荒廢的公部門建案，將調查到的數量、現況及心得出版《海市蜃樓：台灣閒置公共設施抽樣踏查書》。但姚瑞中沒

想到的是，蚊子館的書竟然五年之內可以出版四集，而且一本比一本厚，2014年10月出版的第四集，共有733頁，比前三集都厚重。這些都是民粹政府、立委民代及地方派系勾結的結果，說他們混蛋還真沒冤枉他們。

姚瑞中在調查時發現，以前的蚊子館多是單棟建物，但新竹科園學區的成功，讓各縣市政府一窩蜂開發各式各樣的園區，一旦荒廢就是一整片！像行政院核定籌設的科學園區宜蘭園區，總開發經費92億8,400萬元，目前只有一家廠商進駐；行政院環保署推動的花蓮縣鳳林環保科技園區，建造經費8億6,044萬元，現在是一座空城。

五年來，姚瑞中的《海市蜃樓》系列，揭露的蚊子館超過400處，還在2013年獲得國際獎項「集群藝術獎」，2014年入圍新加坡亞太藝術獎，但他只覺得沉重，毫無榮耀感。

珍惜自己的付出

浪費公帑有兩種情況，一種是掌權者分配失當導致排擠效應，讓錢及資源沒有辦法發揮最大的功效；另一種則是資源享受者自己浪費了資源。很多人的心

態很奇怪，當錢在自己口袋裡，這是「我的錢」，則錙銖必較精打細算；但當錢成為稅金或保費繳出去後，就變成「公家的錢」，要盡量用，彷彿花得愈多自己才不虧本！

同樣以健保為例，反正健保給付，病不看白不看、檢查不做白不做，藥呢？拿愈多愈好！台灣健保每人每年平均門診就醫近15次，男女合計平均餘命80歲，一生要看門診1,200次，就醫頻率是美國的3倍；住院每百人每年14次，一生住院11次以上。民眾家裡的過期剩藥，一拿出來就是幾十噸，有趣的是，每次民調大家都說別人浪費，自己不浪費。

健保費哪裡來的？你我交的；健保費何處去？用在你我生病時到醫療院所看病上，健保費為什麼要調漲？因為不夠用；調漲的費用誰繳？還是你我要掏腰包……。此外，在公園踐踏草皮、攀折花木，在公共場所破壞公物，只要沒逮到元凶，都是以公款修復，用的也都是我們繳的稅金。

賺錢容易？你繳稅繳得心甘情願？答案都是「不」，所以，我們要珍惜自己的付出，做到個人不浪費，同時監督政府各項支出也都不浪費，一分一毫都要用在刀口上！

第四章

你要貧窮的民主嗎？

分配不均，馬克思魂必將再現

不論是以美國為首的資本主義民主國家，還是實施共產主義的中國，
由於對商、媒、政的結合都無力改革，貧富差距不斷加大，
這樣下去，可以預見，馬克斯的陰魂必將再現。

　　俗話說「多行不義必自斃」，用在執政上，政府施政若長期不公不義，人民覺得被高度剝削，日子過不下去，必將揭竿而起。美國發動獨立戰爭脫離英國、滿清被國父推翻，以及中華民國丟了大陸，都是如此！

　　中華民國其實運氣不太好，推翻滿清建立民國後，國家一直處在動盪中，民初軍閥割據、然後加入第一次世界大戰、之後八年抗戰、又打第二次世界大戰、再來又有國共內戰……。社會原本就貧富懸殊，加上戰爭沒完沒了，民不聊生，廣大的工農學生（即馬克斯口中的「無產階級」）很容易被共產黨的「無產階級專政」口號打動，選擇跟共產黨同一陣線對抗

有產階級。

　　國民政府退守台灣後，記取丟掉大陸的教訓，以耕者有其田、三七五減租等政策推動均富社會，讓無產變有產，穩住勞動階級民心。但隨著台灣社會從均富社會變成 M 型社會，歷史會不會重演？更甚者，會不會這一次中共其實不必費一兵一卒，我們自己就弄丟了台灣？

民主並不保證幸福快樂

　　民主國家，用數人頭代替打破人頭，每隔一段時間選舉國家元首，而且限定任期長短及連任次數，人民當家作主，大家平權。但為何總統的頭家們並不覺得幸福快樂？其實不只台灣，現在很多民主國家的頭家也都很鬱卒。

　　印度是全球最大的民主國家，但人民有免於貧窮、無知、飢餓、恐懼、疾病的自由嗎？印尼、菲律賓、泰國也都是民主國家，情況又如何？有免除聯合國宣言中宣示消除的痛苦嗎？

　　就連自詡為民主國家龍頭的美國，領取食物券（Food Stamp）的窮人達到 4,637 萬，是總人口的 15％；有 850 萬人嚴重營養不足，其中 300 萬是孩

童，根本沒有免除飢餓的自由；更嚴重的是也沒有免除恐懼的自由，美國每年死於凶殺案者達 15,000 人以上，每 10 萬人口就有 4.8 人因凶殺死亡，是挪威的 10 倍，荷蘭的 5 倍，英國的 3.5 倍。此外，雖法令已通過，但全民健保至今還沒有落實，美國人連免除疾病的自由也沒有。

民主，充其量只是幸福快樂的必要條件之一，不能保證一定幸福快樂。為什麼？因為雖然「權」分給每個人，但「錢」卻日益集中在少數人之手。掌握了錢，在很多情況下也同時掌握媒體及權力，而掌握媒體和權力，又更容易得到金錢。惡性循環的結果，就是財富分配高度不均的情況愈來愈嚴重，富者益富而貧者益貧，讓民主社會「民有、民治、民享」的崇高理想，變質成「錢有、錢治、錢享」的不公不義社會，幸福快樂當然遠離。不論是高度發達的美、日，或是開發中的菲律賓、印度、印尼等，皆是如此。

錢、權、媒結合，腐蝕民主制度

美國是公認較為成熟的民主國家，有近兩百五十年的歷史，社會多元、學術發達，但政府失能、市場失靈、民主岌岌可危，是美國的現況。相關分析報

導及書籍汗牛充棟，最近諾貝爾經濟學得主史迪格里茲（Joseph Stiglitz）所著的《不公平的代價》（*The Price of Inequality*）可為代表。美國社會商、媒、政結合緊密，加上知識經濟及全球化推波助瀾，即使民主黨執政、即使99％的小老百姓對抗1％的超級大富豪，仍猶如蚍蜉撼樹，無法撼動這1％半分。

台灣的民主成熟度距美國甚遠，政治上父死子繼、兄終弟及、夫唱婦隨（先生入監坐牢，另一半代夫出征當選）屢見不鮮，是標準的家族及財閥政治。我們不只可以合理懷疑，甚至可以確定，台灣商、媒、政的結合比美國更嚴重。

資本主義成為「主流」多時後，已經百病叢生，其最大的問題是分配不正義，給了共產主義趁勢而起的機會。馬克斯說：「資本家掌握生產工具及通路，勞動者嚴重被剝削。」完全說進廣大勞動階級的心坎裡，像知名連鎖咖啡店一杯咖啡售價3.5元美金，但咖啡農只能得到幾分錢；象牙海岸剝取可可果實的勞工，辛勞一生至死，從未吃過一口巧克力。理論上，市場決定價格，包括勞動價格，但這是理想狀況，需要很多條件配合，實際情況往往是商、政、媒聯手操弄。

民主國家實施資本主義，讓有本事的人累積財富，但財富過度集中，「發財樹」結的並非甜美的果實，而是惡果！

　　財富集中，讓一般大眾陷入均貧，無力消費，結果就是生產過剩，經濟衰退，形成一個惡性循環，並且大大降低財富的效用及福祉。對台灣首富之一鴻海集團董事長郭台銘來說，家裡收入多一萬元、少一萬元，完全無感；但對一個一家四口合吃一碗泡麵的家庭來說，一萬元用途大矣，堪比救命錢。忍不住要再說一次，同等金額的財富若集中於少數人，帶給這群人的效用及福祉會降至最低，若是公平分配給大家，將大大提高效用及福祉！

財富集中阻礙階級流動

　　但財富集中最嚴重的惡果是阻礙階級流動，有錢人家的子弟享有豐富資源，只要不是太笨、太壞，躋身上流階級輕而易舉；相反的，貧窮人家子弟缺乏好的資源、機會、人脈，加倍努力也很難有出頭的機會，這是人民最難以忍受之處。

　　台灣人非常重視教育，過去的年代，很多貧困家庭的父母再苦再累，也要掙錢供孩子讀書，因為受

教育才有希望脫貧，陳水扁從三級貧戶之子當上總統，即是明證（雖然他後來錯用從教育得來的翻身機會）。但現在的台灣年輕人幾乎已經無法靠教育改變社會地位，家庭財力決定孩子的命運，財力起跑點不一樣，孩子獲得的校外教育資源（如學習各類才藝及課業補強）大有落差，分析一下台大、清大、交大這幾所頂尖大學學生的家庭背景，就知所言不假。

淡江大學經濟系副教授林金源的研究指出，平均而言，高所得家庭子女的學業成就優於低所得家庭，而且就讀公立大學、繳交較低學費的學生，也大多來自高所得家庭；低所得家庭子女比較可能就讀私校，繳交較高學費。林金源比較各類家庭的所得及支出、儲蓄情況，發現早期貧戶仍有部分所得可繳學費，只需借貸小筆金額就可給付教育支出，但1996年以後台灣的貧戶，不僅須靠借貸金額給付全部教育支出，還靠借貸金額支應教育以外的支出。顯示貧戶借錢念書、入不敷出的現象日趨嚴重，而非常貧窮的家庭根本沒有能力供子女念大學。

貧富懸殊造成階級固著化，但教育政策攸關社會公平，不應也不能成為財富集中的犧牲品。

就事論事，資本主義下，聰明才智過人、努力不

懶，多勞多得，理所當然，而少勞少得導致貧困，也只能怪自己。但「多勞多得」及「少勞少得」的大前提是：環境及制度提供均等的機會，若貧富不能操之在己，貧者何能心平？進一步來說，貧富不均下，容易錢權結合，結構及制度因素造成的「少勞多得」及「不勞多得」，更嚴重違反公義原則，難怪一般民眾有強烈的相對剝奪感。

資本主義的自由放任絕非良策，資本主義國家政府介入愈少，「少勞多得」或「不勞多得」的情況就愈嚴重，所以，要使人民幸福快樂，平權之外，如何「均富」，更是重要課題。

共產制度同樣造成貧富不均

共產主義強制平均分配，企圖提高財富的效用，但因為違反人性，反而導致均貧，走上和資本主義一樣的結果；而且為了強制平均分配，需要政治力強制介入，因此共產主義必然為獨裁政體，人民除了貧窮，人權與自由也盡失。

大陸學界不少知識份子期待中共開放經濟之際，也能改革政治體制、實施民主制度。但許多國家的經驗已經證明，民主並非萬靈丹，除非中共政權能在大

權仍在握時，大幅消除權錢政治及改革稅制，否則即使民主化，結果依然是錢、權、媒三隻手緊緊相握，貧富差距只會更加嚴重，不會改善。如同印度、菲律賓或印尼的民主，廣大民眾仍不能免除貧窮、飢餓、無知、疾病及恐懼的自由。

大三通之前，我曾受大陸某大醫院邀請前往演講，晚宴時東道主不斷對我「曉以民族大義」，大談三通與統一，陳腔濫調聽得我耳朵要長繭了，我回了一句：「個人非常贊同三通及統一，而且愈快愈好，」東道主大樂，但我補了一句：「但是應該先回到延安。」跟延安有什麼關係？他不解詢問，我回答：「回延安再革命！因為觀察大陸當前貧富差距，與國民黨時期恐有過之而無不及，因此要統一，應該先回延安，再革命一次。」我說完這話，東道主一言不發，主客悶頭用餐，一頓飯草草結束。

十餘年過去，大陸貧富差距「基尼指數」高達0.6（財富完全集中在一人，基尼指數為1，完全平均分配為0，北歐國家多在0.25左右），早已超過學界劃定的警戒線0.4，在全球排名第二，只次於南非。雖中共當局近年來在社會保障這一塊投入鉅資，但情況不見好轉，只有惡化。

只有經濟民主，才有真正的民主

由此可見，不論是以美國為首的資本主義民主國家，還是實施共產主義的中國，都無力改革政、商、媒結合的龐大惡勢力，勞動價值不斷被貶抑，貧富差距不斷加大，貧窮者不再認為是自己努力不夠（self-blame），而是政經結構的問題（structure blame）。

社會存在階級是必然的，但階級沒有流動的機會，社會必出問題。當廣大弱勢群眾對不公不義的社會忍無可忍、失去耐性，就是人民奮起行動的時候。如2010年末北非與中東已掀起的茉莉花革命浪潮，迅速蔓延到包括美國華爾街在內的世界各地。當革命似不可免，不是野心家藉此興起，如二戰前的德國，就是馬克斯陰魂必將再現！

台灣無論誰執政，只要當政者繼續忽視分配公平性，丟掉的絕對不只政權，丟掉國家都有可能！六十六年前，中華民國政府還有台灣可退，如今，退路在哪裡？請當政者好好思索台灣的問題究竟出在哪，選擇走正確的路！

第二部

師承美國，
施政失靈

我們最近三任總統，李登輝任內宣示「民之所欲、長在我心」，陳水扁振臂高呼「有夢最美、希望相隨」，馬英九自信滿滿說「改變台灣，馬、上，就會好」，口號句句打動人心，結果呢？長在李登輝心頭的，是他個人的政治私欲，陳水扁證明了「有權最美、利益相隨」，馬英九被人民譏諷「改變台灣，馬、下，才會好」！

　　台灣曾經有過輝煌美好的年代，人民曾經過著充滿希望的日子，美好、輝煌、希望為什麼不能持續？為什麼台灣每況愈下，人民普遍覺得未來一片黯淡？因為連續三任總統皆師承美國，全盤接收美國的政經體制，以新自由主義思維施政。

　　新自由主義已經證明造成諸多社會問題，美國自作自受，被美國思想殖民的台灣，大方向錯誤，施政焉能不失靈！台灣從均富的康莊大道走上貧富不均的崎嶇小徑，未老已衰，喪失國際競爭力。地球很大，但台灣快沒有立足點了。

　　悲哉台灣！

邪惡的帝國資本主義

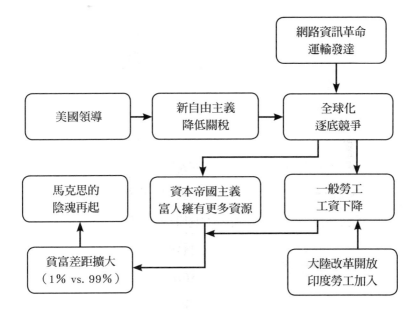

第五章

大政府、小政府，該走哪條路？

台灣曾有輝煌榮景

在經濟發展和分配上，台灣曾經「兩全其美」，都做得很好，
貧富差距降為4.17倍，是全球少數的均富國家之一，
讓世人嘖嘖稱奇，台灣過去是如何做到的？

　　一個國家的經濟體制，到底是應該自由放任，還是計劃執行，一直是經濟學中爭論不休的話題，從歷史過程來看，也是在兩者之間擺盪。

經濟學主張依大環境變化

　　15世紀歐洲各國掙脫封建體制之後，私人開始擁有資本財產，且投資活動可由個人決策左右，於是「重商主義」（mercantilism）興起，開始自由貿易，逐漸發展成為資本主義。資本主義因為強調自由競爭、追求利潤最大化，政府在其中的角色也就耐人尋味，發展出「小政府」、「大政府」兩派主張。

　　「小政府」認為政府功能應限縮在最小範圍，只

要能保護個人的自由不受侵犯即可，結果因為政府監管無力，資本家為追求利潤造假，一夕致富又一夕破產；市場自由毫無規範，企業膨脹形成托辣斯，壟斷市場……種種弊病終於在1929年引爆了美國華爾街股災，並蔓延全球；隨後又遇上二次世界大戰，遂導致20世紀持續時間最長、影響最廣、強度最大的經濟大蕭條。

「時勢造英雄」，由已故「總體經濟學之父」約翰・凱因斯創立的凱因斯學派，此時順勢興起，強調「需求創造供給」，認為只有刺激需求，經濟才有可能成長。然而市場機能並不完善，政府應該介入干預，尤其經濟衰退時，政府應積極運用財政及貨幣政策，降低不景氣對人民生活的衝擊。凱因斯視國家為「生產體」，主張政府應發行公債，擴大財政規模及公共支出，是為「大政府」主義。

凱因斯「政府擴大財政支出」的主張，有效遏止了經濟大蕭條的頹勢。因此，二次大戰後到1960年代，凱因斯學派在資本主義國家大行其道。美國羅斯福總統的「新政」，即是採行凱因斯學理，政府借錢投資基礎建設，促進內需，創造更多就業機會，帶領美國走出經濟大蕭條。

不過凱因斯學派擴大政府支出的主張，將提高政府財政赤字、造成財政惡化，一直備受批評及質疑；而依凱因斯的學理，失業和通貨膨脹為抵換關係，但1970年代石油危機爆發時，通貨膨脹與失業率卻同時高漲，成為各國棘手的難題，換凱因斯學派行不通了。此時，芝加哥學派則因證明了凱因斯學派的謬誤而一舉成名。

芝加哥學派捍衛新古典經濟學的價值理論，信奉新自由主義，強調「供給創造需求」，市場會自行調節價格，反對社會主義計畫經濟，自然也就反對政府任何形式的干預，政府應放任市場機能自由運行及自由競爭。該學派認為國家是「消費體」，政府應當減少開支，保持預算平衡以健全財政，因此不應發行公債，簡而言之，政府當「小政府」就好了，不必管太多、做太多。

可見經濟學主張沒有絕對的好與不好、適合與不適合，完全要看當時的經濟局勢及大環境而定。

「大」與「小」的選擇

我認為，權衡利弊，政府仍以大比小為好，因為再自由的市場，若沒有政府執行治安、消防、防疫、

交通建設、金融管理、公平交易、防止壟斷等基本功能，市場力量就無從發揮；若沒有政府辦理國民教育及普及醫療保健，也不能獲得經濟發展最重要的因素——人力資本，這些事項都必須倚賴政府建立一套官僚體系，抽取稅金來辦理。

大政府的缺點在於容易淪於大官僚，重大建設若無嚴謹評估，放任政治介入、民粹當道、貪汙腐敗、修建各種蚊子館、濫發福利，則所有的舉債將「有去無回」，將國力耗盡。

所以大政府成功與否的關鍵有二，一是政府的執行力。發行公債及抽取重稅，雖然會增加財政負擔，但如果如羅斯福總統的新政，不管是建水壩還是造橋修路，每項建設均經過嚴謹評估，確定可增加就業，且帶來龐大效益，促進經濟繁榮、普遍就業、薪資增加、工商發達、稅收增加才執行，則不但足以償還債務，且有更多財力進一步投資公共建設及培養人才。

其二是要注意財富的移轉成本。抽取稅金及政府建設，就是一種社會財富的移轉，需耗用所謂移轉成本或交易成本。社會財富移轉所帶來的好處若小於移轉成本，則國家經濟必然不斷衰敗。南歐及阿根廷等國家就是如此，人民期待政府有大政府的作為，但又

耍賴不願多繳稅;政府為了討好人民,放任民粹,只好舉債因應,各項建設又缺乏執行力,結果就是政府破產,全民沉淪。

從世界大勢看台灣,在經濟發展和分配的議題上,台灣曾經「兩全其美」,都做得很好,從均貧到均富,讓世人嘖嘖稱奇,也要歸功於當時兩蔣的大政府思維。

展現大政府的氣魄與擔當

1945年台灣光復,歷經第二次世界大戰的蹂躪,重要公共設施及農工業生產設備破壞殆盡,百廢待舉、民不聊生。但國共兩黨正在大陸內戰,國民政府無暇他顧,台灣通貨膨脹嚴重、物價飛漲,人民生活困苦,社會極不安定。1949年政府遷台,而逢冷戰,美軍準備撤出台灣,台灣風雨飄搖,處境艱難,有如大海中的孤舟。

當時的總統蔣中正深知經濟穩定才能保住政權,發展經濟成為第一要務。中華民國雖說是奉行三民主義,但仍是資本主義國家,政府遷台後,兩蔣基本上依循凱因斯的理論施政,致力戰後重建,並管制外匯貿易、推動幣制改革,穩定金融秩序。而1950年6

月韓戰爆發，原本打算撤離台灣的美國態度轉變，派遣第七艦隊協防台灣海峽，同時金援台灣，助台灣經濟不只一臂之力。到了1952年，台灣的農業、工業生產，已大致恢復到日據時代的高水平。

兩蔣走的大政府路線，也可以說是「國家資本主義」——由國家力量主導的資本主義制度。當時政府很窮，但眼光放得夠遠，從蔣中正實施國民義務教育、普及公共衛生，到蔣經國咬牙舉債興建十大建設，都展現出「大政府」的氣魄及擔當。

當時很重要的一項施政是土地改革，政府推動三七五減租、公地放領及耕者有其田，佃農翻身成地主，而且增加農業生產；另一方面，政府「以農養工」，實施田賦徵實、強制收購、肥料換穀等措施，用農業的利潤扶植工業發展。其中從1950年至1972年實施的「肥料換穀」制度，對台灣經濟發展貢獻良多。

「肥料換穀」是指農民必須用稻穀向政府換取種植農作物少不了的肥料。當時肥料產業為公營獨占事業，僅此一家，農民花錢也無處可買，只能依政府規定以物易物。然而，稻穀價值高、肥料價格低，肥料換穀是不等價的交換，可說是對農民的隱藏性賦稅，

有剝削農民之實。但這個制度讓政府握有足夠的糧食，除了可穩定糧價，還能配給薪水不高的軍公教人員。當人民有基本的溫飽，社會自然不容易亂，可以說，台灣經濟成長的幕後功臣，就是那個年代在田間揮汗如雨、胼手胝足的農民。

1953年，政府展開第一期四年經建計畫，有系統建設台灣工業，將民間過剩的勞動力移往工業，創造就業機會。初期選擇農副產品加工等民生工業，除了資金及技術門檻皆不高，以台灣生產的農產品發展加工業，還能以自製取代進口，讓一般民眾都消費得起，節省外匯支出。1957年，農產品及農產加工品占台灣總出口商品的71.5％，為國家創造高額外匯，顯示策略正確。紡織則是另一項重點發展工業，之後也成為外銷主力。

蔣中正政治上一手抓，但經濟這一塊，他放手給行政院長陳誠，以及嚴家淦、尹仲容及李國鼎等學有專精的財經技術官僚。「計畫經濟」讓台灣逐步恢復經濟元氣，扭轉當時台灣對外貿易嚴重逆差及外匯短缺的劣勢；蔣經國掌權後重用孫運璿，有目標的建設台灣，更造就台灣經濟發展的黃金年代。

內憂外患中，開啟經濟黃金期

　　蔣經國1969年擔任行政院副院長、1972年出任行政院長、1975年繼任總統，一直到1988年病逝，主持國政的近十六年間，國際大環境對台灣並不利。經濟上，國際發生兩次石油危機；政治上，1971年美國總統尼克森派國家安全事務助理季辛吉密訪中國大陸，同年台灣退出聯合國；1972年美國總統尼克森訪大陸，與中共總理周恩來簽署上海公報，重啟兩國交往之門；1979年美國與中共正式建交，台灣與美國斷交。除了外憂，還有「內患」，台灣因自由化及民主化，黨外勢力興起，抗爭不斷。

　　在險峻的局勢中，蔣經國卻能開啟台灣經濟成長的黃金時期，他執政的年代是台灣經濟快速起飛的年代，重要關鍵是政府大力投資公共建設。其中十大建設大大改變台灣命運，中山高速公路大幅縮減南北往來交通時間、降低運輸成本，促進全台人力、商品及物資的流通，為人民及國家創造的利益難以計數；桃園國際機場為台灣打開對外的門窗；中鋼及中油降低台灣對進口原料的依賴；而產業升級改變台灣產業結構，工業轉為以出口為主並快速擴張，政府設立多處

加工出口區。

1963年到1973年，台灣工業年均增長率高達18.3％，其中製造業為20.1％；工業產值在台灣GDP中的比重，1960年為26.9％，至1973年提高到43.8％；出口貿易額中工業製品的比重，1960年為32.3％，1973年為84.6％。

早在1970年代，台灣就有第一波的拚經濟全民運動，加工區數以萬計女工騎腳踏車上下工的壯觀，以及家家戶戶「客廳即工廠」的景象，是台灣經濟起飛的動力。1978年至1984年孫運璿擔任行政院長期間，台灣產業再躍進，從勞力密集升級至技術密集，成果就是國民所得大幅成長，1977年人均所得為1,182美元，1984年為3,134美元，六年內成長3倍。

知名政治評論家南方朔曾說：「今天台灣講得出字號的企業家，都是在那個充滿了機會的時代起家的。那個時代，台灣也遇過能源危機和全球衰退的考驗，但有能力的政治精英和技術官僚，卻能藉恰當的反應，以具有前瞻性的十項建設及十二項建設，改變產業體質，當難關一過，即能邁步高飛。那個時代，中國耽於政治鬥爭並有十年文革的動亂，台灣因而有了成為四小龍之首的黃金時代。」

台灣之所以能成龍，真要歸功於兩蔣經濟施政方向正確（雖然政治功過評價不一），尤其蔣經國掌權十六年，生活簡樸、清廉勤政，帶動各級行政團發揮高度執行力，台灣大蛻變，平均每年經濟成長率高達9％，不僅為亞洲四小龍之首，更是工業國經濟成長率3.1％的3倍，為全球之冠；出口更是四小龍之首，成為全球第11位出口大國，締造台灣的經濟奇蹟！

　　更令人感念敬服的是，蔣經國讓全體人民共享了這個奇蹟。台灣光復初期，社會貧富懸殊，蔣經國執政後，貧富差距降為4.17倍，是全球少數所得分配非常平均的均富國家之一。也就是說，當時拚經濟的果實，大家都分到、吃到了，人民具體感受到收入提高，而且大家的日子過得差不多好，所以不會產生相對剝奪感。蔣經國曾經高壓統治台灣，但功過相抵，多數民眾仍認為他是優秀的領導人。

　　可惜的是，1988年蔣經國逝世，李登輝繼任，從他開始連三任國家掌門人，施政方針不變，混合凱因斯學派及芝加哥學派，由「大政府」變成「又大又小」的混合型，且偏偏是「該大不大，該小不小」各取其害，台灣經濟開始走下坡，也就勢所難免了。

第六章

美國墮落，禍害他國
「假面超人」的真面目

美國不但自己信仰新自由主義，而且強勢向全球行銷，
落後國家視美國為拯救他們的「超人」，沒想到竟是「假面超人」，
披風裡包裹的，是奴役壓榨他們的資本主義帝國。

超人是美國塑造出來的英雄，是正義的化身，以拯救世界為己任，無堅不摧。

過去在推動民主政治及經濟發展上，落後國家視美國為「救世主」，唯馬首是瞻，認為美國將如同超人般，將他們從貧窮落後中解救出來，讓他們成為像美國一般體面、過好日子的國家。然而時間已經證明，美國推行到其他國家的政經體制問題多多，美國扮演的只是「假面超人」，不是為正義而戰，而是為利益而戰，還連連向窮人開槍。

從「正義超人」到「假面超人」

在超人漫畫誕生及興盛的年代，美國的確有心成

為國際社會的正義超人，可惜雷根執政時，選擇新自由主義發展經濟，美國走上墮落之路，也禍害許多跟著他走的國家。

1970 年代，石油危機爆發，全球大受衝擊，自二次戰後大行其道的凱因斯學派失靈，經濟發展陷入停滯。

以英國而言，在工黨治理下大力推動的公共事業和主要工業國營化，開始出現浪費、效率低落、營運衰退等等弊病。高度的社會福利，也讓人民有了「吃大鍋飯」的懶人心態，甚至出現「英國病」一說（長期蕭條和頻繁罷工）。此時，保守黨的柴契爾夫人上台，立即改弦易轍，減少政府對經濟活動的干預，對大多數國營事業實行私有化，鼓吹透過努力工作以創造財富，而非追求財富的再分配。

美國也是一樣，雷根總統上任之前，就批評曾經帶領美國走出經濟大蕭條的羅斯福總統新政：「新政的基礎根本就是法西斯主義」；1981 年上任後，便降低政府的干預、減少稅率和商業管制，讓自由放任的資本主義體制超越政府的管制。

美國雷根總統及英國柴契爾夫人，同樣奉行芝加哥學派的新自由主義，強調自由市場的機制、支持

私有化，主張國家對經濟活動干預愈少愈好。沒錯，政府愈小愈好的結果，的確讓經濟百花齊放，可是很多是毒花，毒素滲入社會，製造諸多社會問題，危害社會公平正義甚鉅。近年來學界已不斷在省思這個問題，許多學者也針對資本主義造成的問題論述著書。

其中法國經濟學者皮凱提（Thomas Piketty）的著作《二十一世紀資本論》（*Capital in the Twenty-First Century*），2014年4月英譯版出版後，獲得《紐約時報》極佳書評。諾貝爾經濟學獎得主克魯曼（Paul Robin Krugman），盛讚此書是今年甚至是往後十年最重要的經濟學著作。國內《經濟日報》社論以「21世紀資本論，揭穿資本主義假面具」為題，表示本書「在全球經濟學界投下一枚震撼彈，揭穿當代資本主義的偽善面具，並預測工業國家的資本不均情況將更為惡化，對民主政治的公平、正義價值造成深沉且惡質的衝擊。」真是一針見血。

我相當敬佩的經濟學者朱敬一教授也為文導讀此書，他指出，「皮凱提的《二十一世紀資本論》關鍵論述是：如果政府放任市場自由運作，或是採用像現在許多國家的「小政府」施政，那麼三、四十年後，社會上將近九成的資本都會集中在最富有的10％富

豪手中。長此以往，社會終將因為財富與所得分配太過不公，而產生動亂。」

富人資本持有率快速攀升

皮凱提這本書之所以獲得熱烈掌聲及高評價，在於他不是紙上談兵，而是以實務驗證理論。他與國際知名財經學者艾金森（Anthony Atkinson）及薩伊茲（Emmanuel Saez，曾獲美國經濟學會克拉克獎）聯手，分頭研究法國、英國及美國這三個實施資本主義的經濟大國，財富累積、經濟成長及所得分配的歷史，發現共通之處是：富人資本持有的集中度，從18世紀起一路攀升，一直到20世紀初，接踵而來的第一次世界大戰、30年代全球經濟大恐慌，及第二次世界大戰，才阻斷資本家聚財之路。而戰後各國亟待重建，因而提高對富人課稅，如實施高累進稅制，以及二戰結束後嬰兒潮帶來人口及經濟快速成長，富人資本集中度才大幅下降，也縮小了社會貧富差距。

但這個貧富差距的縮小為時不長，1980年代雷根總統與柴契爾夫人實施新自由主義，包括對有錢人大減稅、公營事業民營化等一系列措施，讓富人資本持有率又快速攀升，社會貧富差距再度擴大。皮凱提

認為，如果政府沒有作為、不調整施政方向，這個現象只會持續惡化。大約三十年內，全球各主要市場經濟下的資本集中度，大概會有80％以上集中社會最富有10％的人手中。

皮凱提的研究也發現，資本報酬與勞動報酬相比，前者長期偏高，資本創造的所得成長不但快，成長率還是經濟成長率的好幾倍，但所得流向工資的比率持續縮小，工資成長率鮮少超過經濟增長率，也就是「以錢賺錢快，靠工作賺錢慢」。以最近三十年的情況而言，資本的年報酬率達到4％或5％，但經濟年成長率只有1.5％左右，這也擴大了貧富差距。

貧富差距擴大，財富集中的程度有多嚴重，諾貝爾經濟學獎得主史迪格里茲的著作《不公平的代價》，做了具體的描述。

史迪格里茲曾是柯林頓掌政時的白宮經濟顧問，在《不公平的代價》一書中以「流氓資本主義」形容美國，直指美國劫貧濟富、製造社會的不公平。而放眼全球，美國的分配不均水準，不只是先進工業國家中最高的，相較於其他國家，分配不均水準的絕對值也在持續升高。

史迪格里茲在書中指出，大約三十年前，美國

所得最高的1％人口，只占國民所得的12％，但之後貧富不均快速惡化，2007年，頂層1％的平均稅後所得高達130萬美元，但底層20％卻只有17,800美元，前者一週所得比後者的年所得還多40％；頂層1％中所得最高的0.1％，占所得的百分比更高，是底層90％平均值的220倍。具體的例子是沃爾瑪帝國（Wal-Mart）的沃爾頓（Walton）家族，六個繼承人的財富總計高達697億美元，相當於美國底層30％的全部財產。薪資的不均也同步成長，底層90％原本工資就低，三十年來工資所得只成長約15％，但頂層的1％卻增加約150％，頂層的0.1％更增加超過300％。

美國經濟成長的果實完全被1％，甚至是0.1％所占有。隨著時間推移，情勢更為惡化，最新的數字顯示，2014年美國頂端1％擁有全國40％財富，底層的80％，也就是絕大多數的美國人，只擁有7％。二、三十年來，40％的家庭更窮了，平均一家2.5口，家庭年收入中位數是46,326美元，平均每人18,500美元；若是底層的10％，則只有10,500美元，平均每人4,200美元（約台幣126,000元），以美國的物價及生活水準，比台灣好不到哪裡去，因此美國有近4,700萬人

要靠食物券維生。

金錢成為金權

　　財富集中的結果，就是政府完全被大財團所控制。美國前副總統高爾在著作《驅動大未來》中即指出，美國企業的力量已經大到足以威脅政府。遊說公司數量十年來從175家增加至2,500家，說客開支從一億美元增至35億美元；1970年代卸任的國會議員只有3％受聘為遊說人員，今日則半數參議員及四成眾議員成為說客，影響政策更加偏向財團、富人，形成惡性循環；2014年立法通過，不論個人或公司，政治獻金無上限，形同可以明目張膽、「合法的」購買政治權力；最近總統選舉花費暴漲至60億美金，為了獲得財團支持，只好不斷降富人稅。

　　金錢成為金權，2001年小布希在石油及天然氣公司影響下，退出「京都議定書」，完全漠視社會大眾，甚至全人類的福祉。美國通過的法案排斥弱勢群體，只強調程序民主，以民主的名義，行使民粹、黑金政治，無法超越黨派利益。競爭性選舉導致美國兩黨惡鬥、政府效率低下，成為政黨相互否決政體。石油及軍火工業控制國會及媒體，不斷製造戰爭，早年

如越戰，近年如伊拉克、阿富汗，浪費無盡的資源，更讓無數生靈塗炭。

2008年雷曼兄弟引爆金融大醜聞，華爾街的CEO們一樣領高薪，債務則讓世界各國的存款人，包括眾多退休基金承擔或破產。這是美國金融治理的大烏龍，吸取全球的錢讓少數人享用，然後倒債讓全球遭殃，但是美國政府從未道歉，更不說賠償，這就是典型的美國資本帝國主義。

連曾任美國副總統的高爾，在觀察美國政治運作之餘，都不得不嘆稱，美國政治表面上是一人一票，實際上是一元一票，選上的都是代表資本集團的利益。美國不再是「民有、民治、民享」，而是「1%所有、1%統治、1%享用」。人民成為選民，民主成為選主，選完以後人民成為奴隸。

沒有經濟人權，政治上的自由平等都是假，民主只是麻醉人民的工具。持續且擴大的分配不均，已重創美國引以為傲，認為是普世價值的民主政治的公平正義，讓美國人一向信仰的價值崩解，美國最自豪的中產階級空洞化，貧窮蔓延，最終便是造成社會動盪不安。2012年的「占領華爾街」，就是「1%與99%的戰爭」，也是「貧」對抗「富」的社會運動。

向外行銷，禍延全球

美國HBO在2012年製播一部《The Newsroom》（台灣譯為「新聞急先鋒」）影集，第一集中男主角、極受大眾喜愛的新聞主播 Will McAvoy 與大學生座談時，回答一個女學生問「為什麼美國是世界上最偉大的國家？」時，慷慨陳詞，直指美國已然衰敗，雖是電視劇台詞，卻深刻且真實點出美國現今的問題，讓這段影片在網路上瘋狂流傳。

Will McAvoy是這樣說的：「美國不是世界上最偉大的國家……，沒有任何證據能支持美國是世界上最偉大的國家。我們識字率全世界排名第7、數學（程度）排第22、科學（程度）排第27，國民平均壽命排第49，嬰兒死亡率排第178，平均家庭收入排第3，勞動力排第4，貿易出口額排第4。美國在全世界領先的只有三項：被關進監獄裡的人數、成年人中相信天使真實存在的人數，以及國防支出，美國的國防支出比排名在後面的26個國家總和還多，其中25個還是同盟國！

我們的確輝煌過，我們維護正義、為道德而戰、透過道德遏止惡法並建立良法；我們對貧窮開戰，而

不是對窮人；我們犧牲奉獻、敦親睦鄰、腳踏實地，而不是空口說白話。我們有過偉大的發明，先進的科技、探索太空、治療疾病和造就史上最傑出的藝術家，把經濟推上了世界巔峰……，美國，不再是最強大的國家了。」Will McAvoy告訴學生，「毫無疑問你們活在最糟糕的年代！」

在我看來，這段話說輕了，只點出美國不再偉大，而沒有觸及美國在別人家土地上燒殺搶掠無惡不做的劣行，目前全球許多國家發生的社會問題及面臨的困境，都是拜美國這個「假面超人」所賜，美國應該遭受最嚴厲的譴責！

新自由主義之弊，若只限於一國之內，那也只能算是自作自受，別人頂多看看笑話。糟就糟在，美國為了自身的政治及經濟利益，還處心積慮的向全球「推銷」，以至於從1970年代起，新自由主義在全球經濟上也占據了重要地位，當然，分配不均也就隨之蔓延成為全球性的大災難。而且比起美國國內有過之而無不及，因為不管功能如何不彰，一國之內至少還有政府的公權力，或多或少執行財富重分配，然而國際之間，卻沒有一個更高的權力單位可以主持公道，執行國與國之間的財富重分配。弱肉強食的戲碼，在

國際間更是血淋淋的上演，一切都是強國說了算，弱國毫無招架反抗的餘地。

1916年，列寧發表《帝國主義是資本主義的最高階段》一書，九十九年過去了，全球經濟的起伏及國際社會富國益富、貧國益貧的變遷，驗證了列寧思想的正確性，資本帝國主義的的確確害慘了這個世界！

資本主義並不是突然冒出頭，而是歐洲國家實地操作與驗證後，被認為是經濟發展的「真理」。其源頭就是第五章提過的「重商主義」，當時有能力的大國無不致力向海外發展，以對外貿易獲取利益。

而當大國發現，落後國家不但有便宜的人力、物力及各種資源，還可以成為無限廣大的市場，讓賺錢更容易時，紛紛以大欺小，以武力迫使弱小國家成為海外殖民地。大國粗暴利用殖民地的人物力資源，大量生產物美價廉的工業產品，又回銷殖民地，不但徹底消滅殖民地的傳統產業，也同時讓殖民地成為經濟上的附屬，是為帝國主義。

從17世紀到19世紀，西方帝國主義挾著航海及科學技術，橫行於大洋上，四處建立殖民地，在政治、經濟上，奴役各弱小國家及民族，因此快速獲得鉅利、累積財富，但始終未解決分配不均的問題。

到 20 世紀初期，民族主義興起，被殖民地紛紛「覺醒」，形成了一股革命的狂潮，在政治上尋求獨立。

此時，做為對資本主義的一種反動，共產主義也順勢興起。雖然從蘇聯、中國大陸到東歐，共產主義國家一度在全球占有不小版圖，但因為過於極端、違反人性，終究難以持續。1990 年柏林圍牆倒塌，東西德統一；接著雷根總統口中的邪惡帝國蘇聯解體；中國則自四人幫倒台，鄧小平即採行「社會主義下的市場經濟」，全球真正的共產國家，只剩下不足道的古巴及北韓。

但共產主義的失敗，並不表示資本主義的正確。

宰制全球的邪惡帝國

以前中共稱美國為「美帝」，「打倒帝國主義」的口號喊得震天價響，不得不說，這個稱謂及行動目標還真的對極了。只是政經權力一把抓的中共，違反人權事證比比皆是，是否也該是打倒的對象？

致力在海外以武力殖民的帝國主義盛行時，美國是後起之秀，未成氣候。然而經過兩次世界大戰，歐洲強國元氣大傷，美國成為「世界工廠」，逐漸取代歐洲各國，成為第一強國。而在民主國家與共產國

家的對抗賽中，美國更以領導者之姿成為民主國家的「大哥大」。最後，雷根總統口中的邪惡帝國蘇聯垮了，但美國自己取而代之，檢視美國的所作所為，不折不扣是宰制全球的邪惡帝國。

美國自詡是民主國家的典範、民主自由的捍衛者，實際上卻運用自己全球領頭羊的地位，強行推銷、施加新自由主義於其他國家，讓這些國家成為其思想殖民地，再霸道的壓低原物料價格、壓低勞動力價格，以資本帝國主義掠奪這些國家的資源、壓榨這些國家的人力，所謂自由民主完全是假象。

新自由主義可說是資本主義的「進階版」，升級到放任資本家更加為所欲為，以「自由」之名，行「放任」之實。看似衰敗的帝國主義不但沒有瓦解消失，反而更壯大，三十多年來，將源自新自由主義思想的「全球化自由貿易」喊得震天價響，彷彿這是經濟成長的唯一致勝之道。但當前的全球化，其實是由富國開設的貿易市場，遊戲規則由富國訂定，進場交易者必須有一定財力或付出其他代價才能參與其中。

「假面超人」以全球化為名，行掠奪全球資源之實，正在力爭上游的國家，若無力抵擋其打壓踩踏，終將面臨邊緣化的命運。

第七章

弱肉強食的「全球化」
立足點不平等，如何奢談貿易自由

在美國強勢推銷及洗腦下，「全球化」儼然成為國際經濟顯學，
各國爭相奔向全球化，唯恐慢了一步便「錢」途無望。
這到底是建造了世界大同的地球村，還是弱肉強食的侏儸紀公園？

　　目前全球化的落實，是在「世界貿易組織」（WTO）
的架構下，減少關稅等貿易障礙，國與國之間簽署
「自由貿易協定」（FTA）做為運作依循。WTO的前身
是1947年美國、英國、法國等23個國家，在日內瓦簽
訂的「關稅暨貿易總協定」（GATT）。這項1948年生
效的多邊國際協定，旨在規範和促進國際貿易和發
展，透過實質關稅減讓，以及管制一些非關稅障礙，
達到貿易自由化。

　　由於GATT只是國際協定，雖有國際組織之實，
但無國際組織之名，所以才有1995年WTO的誕生，
成為當前全球最重要及影響力最大的國際經貿組織，
也是全球唯一處理國際貿易規範的組織。WTO有很

好的理念及願景：創造自由公平的國際貿易環境；使資源依照永續發展的原則做最佳運用以提升生活水準；擴大生產並確保充分就業；貿易開放、平等、互惠與互利，透過貿易提升開發中與低度開發國家的經濟發展。

「地球村」是不存在的桃花源

全球化的目的，是要打破或減少貿易障礙，各國的貨物、資本、人力資源能自由流動，讓最有效能的生產者製造耗費資源最少、價格最低、品質最好的產品行銷全球，沒有效能的就被淘汰。從全球觀點，全球化能提升人類整體的生產效率及福祉，而貿易自由化讓各國開放市場、資源共享、互通有無、公平互惠，世界大同有如地球村。

很可惜，所謂「地球村」是不存在的桃花源；實際情況是，由於以資本主義及新自由主義為理論基礎，全球化已成為弱肉強食的世界。

在國際社會，向來有錢有權才有發言權，最有錢最有權自是坐穩主導大位。美國在二次世界大戰後成為超級強國，從GATT到WTO，美國都是幕後那隻翻雲覆雨的黑手，也是一隻威力強大的怪手，為美國

跨國企業掃除錢途上的重重障礙。

　　「貿易自由化」是WTO的核心理念，因此以要求各會員國降低進口關稅，以及降低甚至撤掉對國內產業的保護，來達到開放市場的目標。

　　有人這樣解釋關稅：「把國門關上，任何商品叩門進來都得交稅。」關稅是國家保障自有產業的第一道防線，也是自由貿易要消除的第一重障礙，因此降低關稅是必要措施。但要求各國取消對特定產業的保護，好讓其他國家商品長驅直入，則有待商榷。

　　每個國家情況不同，政府會保護、扶植的產業，往往是有意義的民族產業及國家需要的新興產業，具有厚植國力、供應民生、穩定物價、生態保育等功能，為人民營造更好的生活環境及品質。

　　如台灣光復初期，政府扶植紡織業及製糖業，以增加民生物資供應、穩定物價；民國50年代政府以「自製率」保護台灣機車產業，規定機車重要零件應自製，其他零件可進口；但國內已有製造生產的同類零件不准進口。這項保護措施除了節省外匯消耗，也提升了機車製造業的技術及水準，並讓國人享有物美價廉的國產商品。但在WTO貿易自由化理念下，「自製率」卻是「貿易障礙」之一，必須排除。

國與國的貧富差距不斷擴大

全球化標榜「平等互惠」，但發達國家及發展中國家立足點並不平等，發達國家擁有財力雄厚、技術成熟的跨國企業；但發展中國家一旦取消有礙自由貿易的措施，受保護的產業馬上面臨競爭，若是該產業還沒成氣候，成長空間將被大幅壓縮，無異被迫拱手讓出市場。而發達國家雖然也開放市場，但發展中國家也得有本事才吃得到。

在市場上，若雙方勢均力敵，賺錢的天平即使兩邊上上下下搖擺，終究有平衡的時候；如果一方弱一方強，賺錢的天平始終是弱國吊在半空中、強國穩固著地的情況，弱國的資源、財富，就會像溜滑梯般「咻」的滑進強國的口袋。

條件對等但實力不對等的貿易自由化，不斷擴大國與國之間的貧富差距。

全球化信仰者深信自由貿易可製造更多財富，改善貧窮問題，第三世界也會變得民主、人民擁有自由。不幸的是，「分配」並不是WTO關心的議題，前WTO秘書長拉米（Pascal Lamy）任內曾說：「WTO的職責在創造財富，而非分配財富。」全球化的確創

造了財富，但沒有平均分配，國與國之間貧富差距在全球化之下不斷擴大，貧富懸殊到令人髮指的地步。

有「窮人的經濟學家」之稱的諾貝爾經濟學獎得主阿瑪蒂亞‧森恩（Amartya Sen），一生的學術研究主要在如何讓經濟學理論增進社會公平及消除貧困，他認為使人獲得自由是經濟發展的目的，要解決貧窮就應該給窮人更大能力以獲得自由、改善生活，亦即經濟發展過程中應排除造成不自由的因素，如貧窮、暴政、缺乏經濟機會、社會剝削等等，但資本主義對落後國家的經濟掠奪，造成全球窮人愈來愈多，求生存尚且來不及，哪還有能力追求自由！

WTO推動的貿易自由化，其實是大企業在檯面下主導操作，國際貨幣基金（IMF）及世界銀行（WBG）是其左右手。

英國劍橋大學韓裔經濟學家張夏準（Ha-Joon Chang），近年來有兩本廣受矚目的著作：《富國陷阱》（*Kicking Away the Ladder*）及《富國的糖衣》（*Bad Samaritans*）。前者講述強國之所以成為發達國家，正因早年政府高門檻的保護政策，但他們爬這個梯子富強後，卻回頭告訴發展中國家這個梯子沒有用，意圖藉踢開這個梯子，不讓發展中國家也爬上來

成為自己的競爭對手。後者譴責英、美等資本主義國家，發達前沒有實施自由貿易，成為經濟霸權後避口不談發跡史，反而不斷向貧國洗腦「自由貿易必可致富」，必須實施降低關稅、開放資本市場、放寬外資規範、國有企業民營化等措施。

邪惡三位一體

他指出，美國領軍的富裕國家對發展中國家推銷新自由主義，由IMF、WBG及WTO這三個富國掌控的國際經濟組織負責執行，IMF和WBG提供開發中國家貸款紓困，但有條件，就是這些國家必須採行新自由主義政策；WTO則制定對富國有利的的自由貿易規則。張夏準因此稱IMF＋WBG＋WTO＝邪惡三位一體，提供發展中國家包裹糖衣的毒藥。

他並舉例，為提早面對競爭，你會讓6歲兒子去找工作（自由貿易）？還是繼續求學（保護主義）？

對強國來說，又不是我的兒子，當然愈早工作賺錢愈好，於是落後國家就成了強國的童工！非洲象牙海岸是全球可可豆最大產區，提供包括雀巢、Hershey's及Mars等國際大公司巧克力製作原料，全國可可豆相關從業人員估計多達350萬人，其中有80

萬名童工，他們一輩子與可可豆為伍，卻沒有機會嘗上一口巧克力。

2014年9月，位在卡達的《半島電視台》揭露全球美容工業背後的醜陋真相：在印度東邊的科達馬縣（Koderma），5歲的童工們冒著生命危險在礦區中挖掘雲母礦石，這是化妝品重要原料，可以讓化妝品增添光澤；全印度估計至少有5,000名童工在雲母礦區中工作，賺取每日不到美金10元的酬勞。中間商買下童工挖掘出來的雲母後，再轉賣化妝品公司，根據丹麥非營利組織DanWatch的報告，至少有12家跨國化妝品公司使用這種原料，包括國際知名品牌萊雅（L'Oreal）和雅詩蘭黛（Estee Lauder）。

落後國家無論童工還是成年勞工，都在斑斑血淚中付出勞力。2013年孟加拉一棟成衣廠大樓倒塌，造成1,127名工人死亡、2,500名工人受傷的慘劇，暴露血汗工廠的問題；2014年一名英國女性發現她買的新衣標籤上寫著「Forced to work exhausting hours.」（被迫長時間痛苦工作）。當今全球難以計數的血汗勞工，與全球化脫不了關係。

張夏準認為，「自由貿易實際上只是富國在『競技場平等化』」的大名之下，所建立的一個圖利本身

的新國貿系統。」

強國賺取不義之財的工具

貿易自由化最大的獲利者，當然是強權國家，全球化不過是這些國家用來為他們的企業及財團賺取暴利的藉口；WTO則是擴張經濟版圖、剝削弱國產業及賺取不義之財的工具。

為什麼說是不義之財？

舉個例子，母乳是哺餵嬰兒最好的天然食品，世界衛生組織（WHO）建議媽媽哺乳至幼兒兩歲，但過去奶粉公司在包裝上印上白胖可愛嬰兒圖片的行銷手法，往往讓落後地區目不識丁的人民以為奶粉優於母乳，是現代及進步的象徵，而將家戶中有限的資源去購買昂貴的嬰兒奶粉，剝奪家戶購買一般食品的能力，影響其他家人營養的攝取。且常因不識字，未能正確調製乳品及消毒奶瓶，造成嬰兒營養不良及腹瀉，增加嬰兒死亡率。說嬰兒奶粉公司是開發中國家嬰兒的殺手，一點也不為過。WHO因而訂定國際母乳代用品銷售守則，禁止嬰兒食品在容器、包裝及產品標籤上印嬰兒圖片，也不得出現任何誇大嬰兒配方食品優點的圖像及文字，以免知識水平低的窮國人民

棄母乳而選用母乳代用品。

順應WHO這項規範，瓜地馬拉政府規定在該國銷售的嬰兒食品，廣告中須說明母乳是最適合兩歲以下幼兒的食品，而且不得出現兩歲以下幼兒的圖像。沒想到此舉引發美國嘉寶公司（Geber）高度不滿，與瓜地馬拉政府打官司，美國政府並表示此舉違反商標協議，以取消最惠國待遇對瓜地馬拉政府施壓，迫使瓜國法院做出對嘉寶公司有利的判決。這只是已開發國家及跨國集團，以全球化名義剝削窮國人民千千萬萬個例子之一。

WTO的遊戲規則不利落後國家，這就是為什麼全球各地皆興起反全球化運動的原因，每逢WTO召開部長會議，場外總有示威抗議運動。

還好美國也有碰釘子的時候。強對弱，強自是贏家，即使勝之不武；但強對強，美國未必占上風，向WTO控訴歐盟不核准基因改造產品進口的案子，美國即沒有討到便宜。

基因改造食品問世後，安全性備受質疑，歐盟1998年暫停核准基改產品進口，讓基改產品生產大戶美國跳腳，美國一方面以將提送WTO仲裁威脅歐盟，一方面由生產基改產品的農企業及生技公司向歐

盟關說施壓。但雙管齊下，依然未能動搖歐盟，美國於是在2003年正式向WTO控訴歐盟限制基改產品進口及銷售，違反貿易協定及構成貿易障礙，要求WTO仲裁。

歷經三年，仲裁結果出爐，WTO發現歐盟的確有暫停核准基改產品進口的舉措，但在WTO規範中，只要有充分理由，是可以允許暫停進口某項產品，而WTO認為歐盟暫停核准此產品進口理由成立。歐盟獲勝，顯然不只是因為理直，更重要的是歐盟「夠力」，此事若發生在台灣或菲律賓，依美國對美牛輸台的態度，結果必然不是如此。

你生產的東西人家不愛吃、不想吃，你去告人家違法，霸不霸道？

天下很大，但台灣的位子在哪裡？

全球化的好壞，跟大政府、小政府的問題一樣，關鍵在執行。由新自由主義當火車頭的全球化班機，飛行起降全球多國，從競爭力弱的國家運走金錢財富，留下大量廢棄物，汙染民主自由、腐蝕社會公平正義、破壞自然生態。

接收廢棄物的國家，台灣也在列，一身有毒物

質，怎會不衰敗！

台灣急於加入全球化行列，證明自己的經濟實力及能力，在之前以製造業為主流的經濟年代，全球化確有助台灣社會經濟發展，但90年代全球逐漸進入知識經濟時代，台灣政治轉型，但經濟及財稅政策未能隨之調整，盲從美國，欠缺對新自由主義及全球化的思辨及判明能力，台灣於是逐漸衰敗。

近三十年來，極右的新自由經濟讓台灣遠離均富，台灣把自己弱化了，政治經濟一團亂，「四不一沒有」持續惡化，很多人擔心台灣有朝一日將被擠到世界舞台邊陲地帶。

然而，依台灣現況，邊緣化不是未來式，跟台灣的崩壞一樣，都是現在進行式。

「新加坡之父」李光耀2014年出版新書《李光耀觀天下》，台灣知名時事評論作家龔濟閱後寫了讀書心得〈李光耀的「天下」已無台灣〉投書《聯合報》民意論壇。

文中指出，新加坡和台灣是當年「亞洲四小龍」的同班同學，台灣可能還是班長。李光耀曾自承得到台灣的幫助，他與蔣經國私交甚篤，星國空軍在台受訓，據說李太夫人曾長期住台休養，所以李光耀前後

訪台25次之多。但大夫無私交，國家關係與私人友誼不一定能長期並存。這本書中譯本共有360頁，書中談中國、談美國、談歐洲，亞洲連緬甸都有專章討論，卻未著墨台灣，只在中國大陸的章節裡偶見台灣的名字。

台灣到哪裡去了？立足何處？

在世界地圖上，台灣很小，但過去台灣以經濟實力讓世界看見發光發熱的台灣；而在全球化大勢下，各國莫不努力躋身世界舞台，新加坡更上一層樓了，台灣卻面臨邊緣化危機。

台灣其實很幸運，實施保護主義時全球化還沒有興盛，否則台灣的產業可能根本發展不起來；但台灣又何其不幸，這幾十年來幾乎全盤接收美國給台灣的，源頭是美國，最終得利的也是美國，勞動價值如果以100計，台灣只拿到30％，美國拿走70％。

我們幾乎任美國予取予求，台灣的農產品市場、肉品市場、藥品市場、電信市場，都是美國想拿下的。歷來「台美貿易暨投資架構協定」（TIFA）的談判，美國不斷要求我們開放農業市場、放寬藥品審核及核價標準、放寬著作權保護年限、訂定符合美方標準的專利法及商標法……。台灣若不遂美意，不是

中止談判，就是祭出301條款威脅台灣。嚴格說來，301條款明顯違反自由貿易的精神，但台灣經濟上對美國的高度依賴，往往讓我們最後不得不讓步，任美國宰割。

資本帝國主義下的台灣，從贏家變成輸家，窘態盡現！

第八章

近三任總統斷送台灣未來

從均富大道到貧富懸殊的歧途

最厲害的殖民不是用武力，而是用思想，無聲無息的滲透，
被殖民的一方毫無所覺，還對殖民者感恩戴德。
台灣對美國就是這樣，被賣了都不知道，還幫對方數鈔票。

　　台灣歷經兩次殖民。第一次殖民的歷史大家都
很清楚，甲午戰敗，清廷將台灣割讓給日本。日本實
質統治台灣，投入各項基礎建設，例如為提高稻米與
蔗糖的產量，大量輸往日本，在全台興建水利灌溉設
施，其他還有興建發電廠、港口及鋪設鐵路、開闢公
路，為台灣後來的發展奠下基礎。

　　但這些建設，不過是先把羊養肥了，再取牠的毛
皮，目的就在掠奪台灣資源。而若干「高等台灣人」
對台灣普羅大眾的被剝削及奴役卻視若無睹，還對日
本統治懷念不已。

被美帝思想殖民

　　第二次被殖民則少有人自覺，但我認為更加可怕，因為是被美利堅合眾國思想殖民。表面上看來台美沒有從屬關係，但台灣自李登輝之後的三任執政者都被洗腦，志願成為美國的跟屁蟲，奉行新自由主義，走上錯誤的道路，以致台灣閃耀的光芒逐漸黯淡，輝煌不再。

　　2014 年 2 月，行政院國發會主委管中閔說：「早就沒有亞洲四小龍了！」一語戳破台灣長久以來自欺欺人的假象，也一語道出台灣現況的淒涼。日升日落，地球依舊每天運轉，但台灣，早已不是 1980 年代那個經濟快速起飛，和新加坡、香港、韓國同時崛起的小龍了。

　　台灣曾有的輝煌榮景，不是投機而來，不是僥倖好運，而是靠著正確的施政方針，以及台灣人勤勉不怕苦的性格，一點一滴累積而來，但為什麼成為亞洲四小龍後，無法再上層樓，成長為巨龍？

　　所有的社會現象都是結果，所有結果都來自於政府施政，而政府採行何種政策，則是基於主政者的意識形態和思維。台灣從高峰走向崩壞，就是因為近三

任主政者，從李登輝、陳水扁到馬英九，都犯了一個嚴重的錯誤，就是跟著美國走！

三位總統政治思維各有不同，但是經濟政策卻一致採行美國新自由主義，高度偏袒富人、貶抑勞動價值。台灣目前所有的問題，都是從這裡開始。長期採行錯誤的施政方向及方針，讓台灣前進的方向轉了大彎，原本已經踏上均富的大道，卻調頭走上貧富差距愈來愈大的歧途。環環相扣，不但經濟出現大問題，更進而影響其他層面，政商水乳交融，形成政黨、民代、財團共犯結構，台灣整體發展陷入泥淖。

因為行進方向就是錯的、偏差的，政府再怎麼補破網、往前趕路，也徒勞無功，永遠無法帶領我們到達叫做「幸福」的目的地。

美國在雷根總統執政時（1981.1.20至1989.1.20）改走新自由主義路線，台灣則從李登輝執政（1988.1.13至2000.5.20）開始，財經政策就跟著美國走小政府路線，自由放任，結果就是無論金融市場還是房地產市場，統統秩序大亂，財團及政客聯手掏空台灣。

然而在公共建設上，台灣又維持大政府思維及作法。但蔣經國時代，重大建設都經過經建會審慎評估，確實達到促進經濟發展、增加人民所得的目標；

李、扁及馬則基於保住政權，在民粹主義下胡亂撒錢，以致興建多座完工後即閒置的漁港及機場，而隨著全台蚊子館數量的增加，政府債台高築，財政大幅惡化。

從台灣經濟成長率，可以看出各階段國家領導人的施政成績：

- 蔣經國時代（1968至1987年），二十年間每年經濟成長率平均為9.1％；失業率平均為1.88％。
- 李登輝時代（1988年至1999年），共十二年，平均每年經濟成長率為6.8％；失業率為1.98％。
- 陳水扁時代（2000年至2008年），共八年，平均每年經濟成長率為4.42％；失業率為4.38％。
- 馬英九時代（2008年迄今），經濟成長率從未超過3％，失業率則從未低於4％，2009年更創下5.85％的歷史新高。

老祖宗教我們要見賢思齊，全球民主國家中，台灣不挑典範如北歐諸國來看齊，偏偏跟在「假面超人」後頭唯命是從！選擇錯誤未必出於盲從無知，李登輝及陳水扁身為國家領導人，或為權，或為錢，選擇對自己有利，但卻危害國家的路線，滿足一己之私；馬英九延續混合路線，則是欠缺宏觀的智慧。

李登輝的自由開放：帶進黑金政治

1988年1月，總統蔣經國病逝，副總統李登輝繼位，隨後在直選中成為台灣第一位真正的民選總統。或許是急於宣示威權統治年代結束，為台灣改貼「民主」標誌，李總統在經濟發展上向新自由主義靠攏，高舉反壟斷大旗，將國營事業民營化、開放金融業、反對證券交易所得稅、反對都市平均地權等連串政策，將台灣原本不明顯的貧富界限，劃出清楚的分隔。更糟糕的是，「黑金政治」從此進入台灣政壇。

李登輝執政年代，他信任的大掌櫃劉泰英呼風喚雨，國營及黨營事業一手抓。如果說蔣家年代的特權只限於小圈圈中的權貴，李登輝就是透過新自由主義，提拔新的紅頂商人，將牟暴利的特權「雨露均霑」分配給更多的紅頂商人。

最明顯的例子是廣設銀行。在兩蔣時代，銀行為特許行業，當時全台灣銀行家數為25家。李登輝繼任後，打著「金融自由化」的旗幟，為財團開銀行鋪設康莊大道：1989年7月修改銀行法，1990年4月財政部制定「商業銀行設立標準」，1991年6月財政部公布新銀行核准名單，共15家，隔年又通過一

家。在這波銀行開放中，台灣共增加16家新銀行。其後，財政部又同意多家信用合作社、信託公司改制成為商業銀行。

對於這項金融開放措施，另有一說是李登輝就任總統後，為鞏固自身勢力，對抗黨內的權力鬥爭，透過開放新銀行，換取本土大老闆政治上的支持。但無論是單純市場開放的考量，還是政治目的介入，這項開放政策，讓政商緊密結合，成為生命共同體，重傷台灣的分配正義。

1991年年底，新銀行陸續開張營業。短短幾年內，台灣銀行家數暴增，不但市場飽和，各家銀行營業項目也大同小異，競爭激烈，即使台灣錢淹腳目，也無法「餵飽」每家銀行。新銀行體質強弱各不同，多家業者市占率不到1％，為了爭取客戶，部分銀行或降低承做標準，或放寬授信條件，削價競爭，以致不良債權大增，金融業逾放比過高。

新銀行上路時，金融監督及檢查制度尚未完善，以致名為金融自由化，實為市場無紀律，銀行不依照規章行事，挑戰金融紀律及金融秩序。1998年台灣爆發本土金融危機，中央票券公司跳票，連鎖反應是宏福票券、泛亞銀行、台中企銀都出現經營危機，引

發金融業震盪，前景堪虞，使當時已獲准的兩家新商業銀行後來都放棄設立。

此時，李登輝說台灣的銀行太多了，要求財政部研商銀行合併相關辦法。財政部也依銀行法「主管機關必要時可以暫停受理新銀行申請案」的規定，宣布暫不受理新商業銀行與工業銀行的申請。

雖然如此，但已營業的新銀行還是接連出狀況。民進黨執政後，2000年「南霸天」王玉雲創立的中興銀行，爆發一百多億元的非法超貸弊案，董事長王玉雲與擔任副董的兒子王志雄、總經理王宣仁，涉嫌掏空銀行。2001年10月中央存款保險公司接管中興銀行，自此，中央存保公司就一直忙著接管出紕漏的銀行，2006年接管台東企銀，2007年接管花蓮企銀、力霸集團王又曾創辦的中華商銀、寶華銀行（前身為長億集團楊天生創辦的泛亞銀行），2008年接管慶豐銀行……。

這一波金融危機中也有重量級政界人士落馬。李登輝時代的立法院長劉松藩，與前廣三集團總裁曾正仁，共同向台中商銀超貸15億元，抽佣1.5億元，涉及共同背信罪，被台中高分院判處四年徒刑，併科新台幣3,000萬元；曾經在立法院「喊水會結凍」的國

民黨立院黨鞭廖福本，後因奇美假股票案入獄；李登輝的大掌櫃劉泰英，也因侵占政治獻金及國安密帳等案，觸犯侵占、背信、銀行法、稅捐稽徵法、公司法等罪而被判刑入監。

陳水扁的自由開放：貪贓枉法

陳水扁在李登輝之後當選總統，官商勾結的功力，充分印證了「青出於藍、更勝於藍」這句話。陳水扁的財經施政，可以用「亂」跟「貪」來總結。

阿扁上任後宣示，經濟是台灣的生命線，如果經濟垮了，台灣也完了，因此要暫緩社會福利，經濟優先！延續新自由經濟的主張，以「發展經濟」為掩護，扁政府發揚光大李登輝的黑金政治，重建執政黨的政商關係，熱烈擁抱親綠財團，紅頂商人「世代交替」。

具體施政上，阿扁任內不斷「改改改」，扁政府曾召開兩次全國稅改會議，但在財團運作下，立法院財委會及財政部對結論束之高閣，一無作為。另外，民進黨缺乏財經人才，只能從前政府及民間挑揀尋覓人手，但財經閣員卻又頻頻走馬換將，如何因應財經變局？

但最糟糕的改革是金改，2001年推動第一次金融改革，2004年推動第二次金融改革，但兩次金改只讓台灣社會愈來愈遠離分配正義。

　　一次金改又稱「二五八金融改革方案」，扁政府的目標是兩年內將金融機構壞帳比率降到5％以下，銀行資本充足率提高到8％以上，以強健金融市場體質。而新銀行管理不佳經營不善，理應由股東負責，但陳水扁政府卻以「金融改革」為名，立法設置金融重建基金，用全體納稅人的錢為新銀行補破網。以中興銀行為例，中央接管四年後，終於將這個燙手山芋拍賣出去，但中興銀行捅的漏子，金融重建基金必須填補641億元，這筆錢的每一分每一毫，都來自普羅大眾繳的稅！

　　二次金改宣示，為擴大規模、提升金融業國際競爭力，兩年內要創造3家市占率超過10％的銀行、公股金融機構家數由12家減至6家、金控家數由14家減至7家、至少一家金控到海外掛牌或引進外資。說得冠冕堂皇，但實際情況卻是為財團打開併吞公營金融機構的後門，將公營行庫以低價賤賣給特定的民營金控公司。

　　李登輝有大掌櫃劉泰英，陳水扁不遑多讓，也有

忠心耿耿的大掌櫃鄭深池（長榮張榮發的女婿），在二次金改中穿針引線，並擔任金融業者行賄扁家、輸送賄款的白手套，協助陳水扁上下其手賤賣國產、掏空國庫。

陳水扁也在卸任後被查出多項弊案，包括龍潭購地案、二次金改元大併復華案、國務機要費案、機密外交案、海外洗錢案等多案，官司纏身。其中他和妻子吳淑珍在二次金改時收受元大集團創辦人馬志玲2億元賄賂，協助元大證券購併復華金控，扁、珍各依貪汙罪被判刑十年及八年。

民進黨執政後，所作所為完全與黨綱背道而馳，貪腐不斷、弊案連連，經濟一片慘綠，和國民黨一個半斤一個八兩，台灣焉能不繼續向下沉淪？

馬英九的自由開放：忽視分配議題

馬英九的政治個性是個不沾鍋，個人沒有貪腐問題，帶領行政團隊卯足勁拚經濟，但卻忘了拚經濟的目的是什麼！

馬政府的經濟學博士、院士一堆，但這些經濟專家，包括中央研究院經濟研究所、台灣經濟研究院，只著重研究產業如何把餅做大致富（包括 WTO、

TPP、RCEP 及服貿），讓資本家更富有，卻忽略經濟學中「分配」這個重大議題。一般百姓能否分享經濟成長的果實，甚至收入倒退的問題，似乎從來不在這些專家關切及研究的範圍。馬政府雖嘗試解決軍公教退休金及勞保年金不公不義的情況，以及實施房地產實價登錄（實價徵收仍遙遙無期），但改革還是太少、太慢，對改善貧富差距於事無補。

我覺得前副總統蕭萬長很可惜。馬總統第一任選擇他擔任副手，即是想借重他的財經專長，但四年任期內，他沒有機會把角色扮演好；另外，行政院國發會和經濟部也從不探討各項經建措施對財富分配的影響，漠視提升社會整體福祉的議題，令人不禁質疑，重大財經決策都是利財團傷百姓！

可以說，從李登輝總統開始的三任總統及財經內閣，全部不及格！而立法院財政及經濟委員會的立委，絕大多數本身就是財閥，不然就是財閥的代言人。國民黨早已遠離三民主義，改為信仰「錢有、錢治、錢享」，但每週召開中常會時，黨主席仍然默念〈國父遺囑〉，真是笑話。

近二十多年來，可說美國用資本帝國主義殖民了台灣。台灣經濟、外交、軍事都聽美國的，完全受制

於美國，美國賣最爛最貴的武器給台灣，要台灣對抗中共，但在釣魚台事件上又偏向日本，菲律賓槍殺台灣漁民的事件，也沒為台灣主持公道，台灣根本連次殖民地都不如！更糟的是，芝加哥學派關心的是「自由」與「效率」，不重視「分配」，因而蔣經國之後的執政者，非但沒能固守已有的「均富」成績，還把貧富差距愈拉愈大，每況愈下。

清大教授彭明輝曾在一篇文章中表示：「台灣這些年來新自由主義橫行，卻一直沒有出現接近於茉莉花革命這樣的社會動盪，靠的是更早以前的社會累積。就像美國凱因斯主義者的主張：雷根的施政之所以沒有馬上引起社會上的災難，那是因為在他上任前歷任總統政績所累積下來的社會財富。」

但是當老本吃完後，台灣怎麼辦？

第三部

台灣人的悲哀

蔣經國悉心畢力，以「均富」的有機肥，為台灣栽出一片綠意蓊鬱的經濟森林，全民雨露均霑，但之後的當政者全盤更換耕作方式及肥料種類，新肥料「自由市場」施肥不均，養分都被財團及富人掠奪走，吃得盆滿缽滿，普羅大眾則骨瘦如柴。

　　在資本帝國主義之下成長的經濟森林，病蟲害嚴重：政府又小又窮，舉債度日，債留子孫；稅制劫貧濟富、受薪階級挑國家財政大樑，壓到腰都直不起來；炒房炒地不只禍害經濟，買不起房成為民怨之首；資本主義造成社會向錢看的氛圍，「貪」讓黑心食品在台灣一直斷不了，江山代有「財」人出，美麗寶島變貪婪之島。

　　所有問題的癥結，在於政治。執政者走錯路，又放任民粹當道，李登輝曾說，台灣人長久以來沒有作主的機會，是台灣人的悲哀。但從他執政起，讓人民當家作主的結果，是台灣成為民粹共和國，社會遠離公平正義，這才是台灣人的悲哀！

台灣人的悲哀

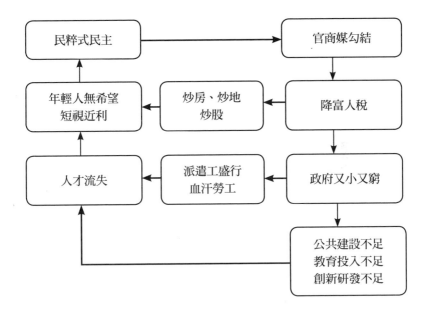

第九章

台灣債，淹腳目
政府又小又窮，國債高築

巧婦尚且難為無米之炊，台灣政府這個拙婦兼小媳婦，
在眾多公婆指手畫腳、威逼利誘之下，
一方面借債維生、一方面又揮霍度日，也是意料之中了。

　　八年800億治水預算、五年500億邁向頂尖大學計畫、老農津貼加碼再加碼，國庫每年支付500多億元……。這些年來，大家看政府施政用錢如此豪邁，都以為中華民國政府很有錢；但看看另一些數字，台灣國民租稅負擔率全球最低、負債比率全球名列前矛，表示政府財源困窘，只能舉債度日。台灣，其實是一個很小很窮的國家！

不是小而美，而是小又窮

　　兩百年前，唐山人冒著喪命的風險也要渡過黑水溝來台灣，因為「台灣錢淹腳目」，因此願意離鄉背井來這裡追尋好生活；民國60年代，台灣錢的確

淹腳目，可惜，之後奉行新自由主義，一步錯，步步錯，從小龍變回小蟲，還負債累累。

　　台灣財經施政走小政府路線，民生施政走大政府路線，「不大不小」的結果並非中庸，而是「不倫不類」，尤其財經走小政府路線，政府不是「小而美」，而是「小又窮」！

　　從政府支出占國內生產毛額（GDP）的比重，可看出一個國家是「大政府」還是「小政府」，比重愈高表示政府規模愈大，有能力提供人民良好的服務及照顧；反之，則表示政府為人民做的有限。像北歐國家政府支出占GDP近半，所以能成為「福利國家」。前幾年瑞士洛桑管理學院（IMD）世界競爭力報告指出，台灣政府支出占GDP比重，1990年代還有20％，尚屬健康，但2011年已跌至12.8％，是全球第七低，比台灣周圍的日本、新加坡、香港、韓國及中國大陸都低，顯示台灣實質上是「小政府」。再者，台灣的國民租稅負擔率，也說明了台灣是「小政府」的事實。

　　租稅是政府主要財源，不過一個國家有多少財力做事，不是看稅收金額，而是看國民租稅負擔率，亦即政府賦稅收入占GDP的比重，這是國際上比較

各國租稅水準廣泛運用的工具。租稅負擔率愈高，表示國民繳的稅愈多，政府財力充裕，有能力做「大政府」；租稅負擔率低，表示國家稅收可能不足以因應財政支出，包括經濟發展需要的基礎建設、培養人才的教育投資、永續發展的研發經費等等，長久下去，將影響國家的經濟成長。

根據財政部統計，台灣的租稅負擔率1980年為19.2％，1990年為20.0％，但此後即一路下滑：1995年17.7％、2008年13.9％、2010年達到谷底12.0％、2011至2013年都在12.8％上下。較新加坡的14.1％、日本的16.8％以及南韓的20.2％明顯偏低，也是全球最低。反觀經濟合作暨發展組織（OECD）國家，平均在20％至30％之間，甚至有高達40％以上的。

長期挖東牆、補西牆

賦稅收入占政府支出比率的「賦稅依存度」，是另一個檢視政府財政體質的重要指標。1970年代台灣各級政府的賦稅依存度達80％，意即政府每支出100元，有80元來自稅收；1980年代仍有70％，近來年已降至60％左右，表示賦稅收入只能支應六成政府歲出，遠低於歐美等賦稅依存度平均達80％

的國家。不足的部分，必須靠國營事業的盈餘、釋股、出售國有土地及舉債因應，長期「挖東牆、補西牆」，國家財政不出問題才怪。

租稅負擔率及賦稅依存度雙雙持續走低，顯示在財政收入上，台灣是愈來愈小的「小政府」，但「民意」卻要求政府做民生福利面面俱到的「大政府」。巧婦難為無米之炊，何況我們的政府並非巧婦，而是拙婦兼小媳婦，如何用錢並不完全操之在我，一大群婆婆媽媽假「民意」之名，在旁邊指手畫腳。

比如治水預算，中南部縣市逢雨必淹，阿扁政府在2006年編列八年800億治水預算，結果立委諸公硬是加碼到總額1,160億元，執行期限從2006年至2014年。結果2013年8月輕度颱風康芮襲台，造成南部大淹水，雲林、嘉義、台南跟高雄都傳災情，部分縣市長還跳出來歸咎治水預算不足。請問，這1,160億用到哪裡去了？據媒體報導，這筆治水預算不少被用來綁樁，或是與治水無關的項目上了。

這樣用錢的例子屢見不鮮，2009年莫拉克風災（八八水災）後，立法院審查災區重建經費，簡直是漫天喊價。國民黨立委主張編列1,000億，民進黨立委堅持至少要2,000億，而且只有下限，沒有上限。

這些立委豈不知政府出錢就是你我出錢，今天的公債就是你我下半生或子孫的負債？但為了詐騙選票，什麼都做得出來。

「民意」要求政府什麼都要管、什麼都要出錢，政府花錢如流水。從李登輝總統執政開始，政府支出占GDP的比重，大多高於收入占GDP的比重，以2011年而言，前者為19.4％，後者為16.4％。意思是入不敷出，財政出現赤字了。

依行政院提出的2015年度總預算，2015年歲入預估有1兆7,993億元，歲出為1兆9,515億元，分別較2014年增加924及353億元，整體歲入和歲出差短1,522億元，連同債務還本660億元，合計尚須融資調度財源2,182億元。行政院表示將全數以發行公債及賒借收入彌平，也就是以債養債，若以個人的財務管理比喻，就是刷A卡還B卡的卡債。

支出年年增加，解決之道就是借錢，債愈欠愈多。全球幾乎沒有國家不負債，差別在於債多債少，台灣從1980年代後期，由於租稅收入持續下降，各級政府財政狀況走下坡乃至惡化，年年舉債，債務餘額不斷攀升。

負債率年年高升

　　2010年年底起，財政部每月在網站首頁及財政部大門上方的電子看板發布「最新國債訊息」，國債鐘第一次啟用時公布的是2010年11月國債狀況，當時平均每人負擔債務為19.7萬元；而到了2014年8月底止，中央政府一年以上債務未償餘額5兆2,861億元，短期債務未償餘額1,250億元，平均每人負擔債務23.1萬元。

　　四年之內，每個台灣人揹的債務多了3萬多元；把時間軸拉長來看，台灣的國債一直在增長，十年內暴增五成。

　　國際上一般以國家債務未償餘額占GDP的比率來評估一個國家的財政狀況，也稱為負債率，負債率100％，表示國家負債總額相當於一整年生產毛額；負債率200％，表示負債總額相當於兩年的生產毛額。比率愈高，財政愈糟。

　　我國公共債務法修法後，明訂債務占GDP的比例上限為40.6％，依行政院財政部國庫署網站上的資訊：「我國中央政府債務未償餘額占當年國內生產毛額之比率為35.7％（2014），與德國55.3％（2011）、

美國78.9％（2011）、英國99.8％（2011）、法國93.8％（2011）及日本212.8％（2013）等國相比較，」國庫署表示，「我國政府債務管制尚屬合宜。」

合宜？這是自欺欺人！台灣負債率其實是「年年高升」，1995年時只有15.8％，到了2014年上升至35.7％，增長幅度驚人。馬英九總統上任第五年時國債增加超過1.4兆，預估到2014年底將增加至1.7兆，比扁政府八年1.3兆還多，是歷任總統增加國債最多者。目前國債超過5兆，而且每年持續增加2,000億至3,000億，再這樣下去，負債率破表是可預見的。

另外，國債鐘公布的「官方版」國家負債率，並沒有計入中央非營業基金舉措債務，以及各社會保險潛在的債務（勞保、公教保險、國民保險等），也沒有計入各級地方政府的潛藏負債及未償債務餘額。

「民間版」計算方式則是把各種潛藏負債都計入，2010年台灣GDP為4,270億美元，國債為21兆1,370億元台幣，國債占GDP的比率高達165％，高於美國的61.2％、愛爾蘭的75.3％、希臘的127.8％，只比日本的196.1％好一些。若依歐盟標準，台灣債務餘額（含隱藏性債務）已逾100％，在《經濟學人》的全球債務比較圖上，已經屬於最高債務等級。

現在台灣「淹腳目」的，早已不是錢，而是債了。

債分好債與壞債

可是對鉅額國債，政府一點都不憂心，馬總統還曾經表示，有些國家的債務已超過GDP 100％，甚至200％，還不是活得好好的。

這種回應真是令人瞠目結舌！如果說國債多，也可以活得好好的，那希臘等歐豬國家的人民為什麼苦不堪言，天天上街頭抗爭？為什麼阿根廷總統要搭直升機落跑？為什麼盛產牛隻的阿根廷人吃不起牛肉？

國債增加也會活得好好的，只有一個條件，那就是國債是用來推行各項經濟建設、促進經濟發展與就業，增加的稅收不但可以支付利息，且可以還本。然而，眼前台灣的情況是，國債都是消費性支出，用來填補軍公教退休、老農社福支出等，經濟建設比例每況愈下，且所謂「經濟建設」中，有不少根本是蚊子館，幾乎沒有回收。

法國知名政治與經濟學者賈克・阿塔利（Jacques Attali）2010年在他的著作《*Tousruinés dans dix ans? Dette publique: la dernière chance*》（十年內盡毀？國債：最後的機會）中提出警訊：國家債務是導

致全球毀滅的定時炸彈，尤其歐美日先進國家的債務，已瀕臨爆炸邊緣，若不即時化解，終將難逃破產命運。

希臘是最明顯的例子。一般認為希臘破產肇因於主辦2004年雅典奧運，因為雅典奧運整體花費超出預算高達796％，希臘政府原本冀望奧運「吸睛」也「吸金」，能大幅提高觀光收入，結果因舉債過高，負擔不起龐大的利息，國家陷入嚴重的財政危機，連治安、教育、醫療保健等經常性支出都負擔不起，當初為舉辦奧運興建的場館，也成了蚊子館。

日本是另一個例子。日本前首相菅直人亦曾表示日本債務沉痾，政府可能無力償還。而根據新聞網站Quartz報導，近年來日本政府公債已高達10.5兆美元，約占GDP的230％，其中多半來自1980以及1990年代氾濫的基礎建設花費。現任首相安倍晉三上任後的三支箭，則肯定是更大的災難，因為只印鈔票，但產業及工作者的生產力沒有提升，經濟只會更泡沫化。

阿塔利認為，國家為了展現政績，借貸興建各種公共建設，收支不平衡已是常態，不少國家因而締造承平時期的最高負債率紀錄。他在書中指出，2009

年，不計發展中國家，日本的國債占國內生產毛額的204％，全球第一；美國負債率雖然只有54％，但高達11兆美元的國債總額，相當於年度稅收的674％（約6.7年的稅收），而同一個年度美國「借新還舊」或「再融資」的金額，即逾債務一半以上，相當於年度稅收的248％。

個人負債大於償債能力，只有破產一途；國家也是如此，當債務利息高於經濟成長率，政府會被沉重的利息壓垮。1800年至2009年之間，全球曾有250例國家無力償還外債的案例。

由法國兩位經濟學者漢諾・貝克（Hanno Beck）與阿洛伊斯・普林茲（AloysPrinz）合著的《國家為什麼會破產》（ABGEBRANNT ABGEBRANNT）一書中，探討國家為什麼舉債、舉債有什麼後果，並解析什麼是「好債」、什麼是「壞債」。

「好債」是借錢來做有效益的投資，投入必要的基礎建設，振興經濟、帶動經濟成長，創造經濟效益，提高GDP，發揮乘數效果；「壞債」是借錢來胡亂消費，惡化的國債問題將拖垮國家經濟發展，今日的消費無異預告明日的破產。

債不論內外，子孫都要還

　　這本書雖然主要探討歐債問題，但我覺得好像在說台灣的未來！眼前台灣的問題就有：政府舉債揮霍，錢沒有用在刀口上，多拿來政策買票，忽略對育齡婦女、育兒家庭、弱勢老人的照顧；對中小學教育投資不足，下一代缺乏競爭力；勞保、公保、國民年金無以為繼；也因為財政窘迫，縮減人事預算，各部會帶頭大量雇用約聘人員，包括多數公立醫院，造成血汗醫事人員，連帶影響醫療品質。

　　台灣的財政問題不是不爆，而是時候未到，但也不遠了，就算可以再拖個十年，也絕對過不了二十年，南歐諸國及日本都是殷鑑。

　　發行公債一直是政府籌募財源主要方式，現在政府每年支付的公債利息已達1,280億，隨著公債餘額擴大，利息支出隨之不斷增加，愈來愈多的稅收用來支付利息，以債養債，惡性循環，伊于胡底？無底洞啊！

　　俗語常說「殺人償命、欠債還錢」，這是千古不變的道理。我們的財經官員常常自豪的說台灣沒有外債，但只有內債有什麼好得意的？債不論內外，都是

債，都要還，誰還？從你我到我們的子子孫孫，都是清償債務的倒楣鬼！

　　大家要謹記，政府出錢，就是你我出錢，政府舉債，就算表面上沒有增加稅率，但是債遲早要還，最終還是老百姓買單。因為除了官員捐的錢，「政府」從沒有真正出過錢，政府的錢都是老百姓繳的稅。財政部長張盛和曾說：「公債就是未來的稅。」公債發行量愈大，意謂日後要承擔的稅愈高。

　　未來的稅有兩種，一種是「明稅」，也就是加稅，繳稅本來就是顧人怨的事情，而台灣稅制不公，一談到稅，老百姓莫不咬牙切齒罵聲連連；另一種是不少賴皮政府的「暗稅」，就是拚命印鈔票來還錢，但印鈔票會造成通貨膨脹，讓每個滷蛋從 10 元漲到 20元，等於交了 100％的稅。

　　所以每當聽到政府高官倡言增加公債，我就一肚子火，這種作法顯然是期望在短期內多撒錢討好民眾，以提升政府低迷的民調，這種短多長空的政策，對經濟發展毫無助益。

「富藏於民」，政府淪為貧戶

　　我們的政府很窮，稅收不足，一個很重要的原因

是「富藏於民」，但這個「民」，指的是有錢人。有錢人有錢得要命，但課稅課不到他們，以致政府一窮二白，淪為貧戶。

台灣「藏」在民間的財富有多少呢？2014年9月《天下》雜誌一篇報導指出，台灣富豪人數與財富每年成長一成。

依照法國管理顧問公司凱捷（Capgemini）與加拿大皇家銀行財富管理（RBC Wealth Management）2014年6月發布的最新世界財富報告，截至2013年底，台灣共有11.2萬個高淨值富豪，較上年成長17.4%，排名全球第11，在亞洲則為第5。

凱捷報告中的「高淨值富豪」，是指金融資產（不包含房地產）達到100萬美元者；資產達到3,000萬美元則是「超高淨值富豪」（Ultra-HNWI）。報告中指出，台灣富豪人數成長率高於全球平均的14.7%，以些微差距落在中國大陸的17.8%後頭。而從2008年金融危機以來，台灣的富豪人口成長速度之快，與享有豐富石油的科威特、亞洲金融雙霸——香港、新加坡，以及金磚集團中的中國、印度、俄羅斯，被列為同等級的「高成長地區」。

瑞士銀行「2014年Wealth-X和瑞銀UBS億萬

富豪人口調查」則顯示，全球億萬富豪人數共2,325人，台灣身價超過10億美元的富豪有29人，財產總值為570億美元，與前一年相比增加4人，在全球排名第20、亞洲排名第6，多於南韓的21人。

《天下》這篇報導特別指出一點：「不論是台灣去年富豪人數或是財富總值的成長幅度，都雙雙超過台股大盤指數去年整年的12％，更大幅超越了國富毛額年年個位數的增幅」，「與Forbes台灣50大富豪榜單比對，顯然Wealth-X/UBS的估計相對保守了。有37位名列Forbes台灣富豪榜的人士，身價都超過了10億美元」。

台灣民間大金庫不只一個，國庫卻空虛不已，因為無能的政府半個金庫大門都敲不開。《天方夜譚》中阿里巴巴憑一句「芝麻開門」，就直驅長入藏寶窟，我們不要求政府擁有神力，只希望政府能推動稅制改革，做到納稅這檔事「人人平等」！

第十章

是你我繳的稅多，還是有錢人？

劫貧濟富的稅賦不公

政府的基礎建設如造橋鋪路、維持治安等，都是受薪階級出的錢，
富人繳稅少，卻享用優質的公共財及建設成果，
老百姓種樹，富人納涼，如此劫貧濟富，政府領導人不覺得羞愧嗎？

　　網路上有人這樣描述台灣當前財政狀況：「政府
窮，國債高築，財團爆富，人民沒錢，銀行資金浮
濫，財團降稅，人民加稅。」講得真貼切，尤其道出
台灣稅賦政策「劫貧濟富」，政府對大財團大富豪減
稅大放送，稅收靠小老百姓支撐；有錢人炒房炒地炒
股的鉅額獲利只需繳少少的稅，受薪階級的薪水卻分
分毫毫都要計稅！

房地產和股票，讓有錢人財富暴增

　　行政院主計總處2014年8月公布的最新「國富統
計」，2012年國富毛額及國富淨額分別為197.5兆元及
155.1兆元，較2011年各增加10.4兆元及8.2兆元；平

均每人國富淨額為665萬元，一年增加33萬元；平均每戶資產淨額1,090萬元，增加62萬元。

國富增加，主因土地房屋的公告現值調升，土地增值6.1兆元，原國外資產因國際股市回升及國外證券投資增加，淨額增加1.5兆元；房屋及營建工程也因新增資產及價格上升而增加1.4兆元；總計房地產的增值占了六成，也就是說，國富增加，房地產貢獻最大。

其實不只2012年，國富調查顯示，從2007年至2011年，台灣國家財富及家庭財富年年增加，七成來自房地產和有價證券，總額超過新台幣10兆元。

台灣的有錢人，哪個沒房產沒土地沒股票？房地產和股票增值，讓有錢人財富暴增，可以說是人在家裡坐，錢財送進門，典型的不勞而獲，驗證了老祖宗「有土斯有財」這句話。例如台灣最有名的豪宅帝寶，2005年完工交屋時，開價每坪70至80萬元，不到十年時間，每坪飆漲至270萬元，帝寶每戶沒有少於一百坪的，最初的買家，財富至少增加兩億元。

但對家無恆產、也沒錢投資有價證券的升斗小民，非但沒受惠，還反受其害。因為房價漲不停，只會帶動物價全面上漲，日子更不好過；再者，房價飆

漲，相對來說，其他的東西都貶值了，同樣一棟房子，一般平民要打更多工、種更多稻穀、賣更多碗牛肉麵，或醫師護士要診治照護更多病患，才能換得房子的一坪。國富增加，對一般大眾一點好處都沒有。

也因此，帳面上顯示台灣家家戶戶都是千萬富翁，根本是笑話，紙上富貴而已！

在我看來，國富、GDP 這一類統計，就只是在玩數字遊戲，政府評定房地產價值時提高價格，房地產就增值了，我房子賣給你 10 萬塊一坪，你再賣給我 20 萬一坪，在帳面上，國家總體財富就增加了 10 萬元，但實際上什麼也沒有增加。

一定有人質疑，可以這樣算？我先後請教過國內三位經濟學者，得到的回答都是「對、沒錯」。同理，即使是低單價的商品，比方一杯茶我賣你 10 元，你再賣我 20 元，就增加了 10 元財富，這就是資本主義計算及定義財富的荒謬！

貧富鴻溝愈拉愈大

2014 年 6 月《天下》雜誌 549 期的封面故事「1% 比 99% 的戰爭」，講的就是台灣貧富差距快速惡化的問題。報導指出，台灣 1% 富人，坐擁全台 14% 的所

得，貧富懸殊差距創歷史新高，幾乎是全球最嚴重的國家。

《天下》雜誌報導，文化大學社福系副教授洪明皇採用《二十一世紀資本論》作者皮凱提的研究方法，追蹤分析台灣1977年至2011年的所有家戶稅務資料，估算台灣高所得家戶所占比例。結果顯示台灣前5％的富人，拿走全台31％的所得；而且三十四年來，台灣金字塔頂端1％高所得家戶，收入與其他99％家戶逐漸拉大，2011年創下新高，所得比為1,077萬比78萬！

洪明皇追蹤分析三十多年來台灣所有家戶稅務資料，發現台灣前1％、約5.6萬戶富裕家庭，所得一直呈上升趨勢，到2011年年底，平均年度應稅所得已超過1,000萬元，但台灣其餘99％的家戶所得成長緩慢，至今還沒超過80萬元。

如果把台灣的家戶貧富等級分成20等分，台灣財稅資料中心的數據顯示，十四年來，最有錢（第1等分）跟最貧窮（第20等分）的差距，已經從32倍遽增到96倍；但這並不就是台灣貧富差距的真實樣貌，因為1,077萬比78萬，只是依據稅賦資料估算而來，沒有計入房地產及股票、基金、債券、權證等有價證券的資產。

為什麼不計入？因為台灣目前的稅制並沒有「資本利得稅」的稅目，有錢人在股市及房地產賺的錢（也就是資本利得），是打散透過土地增值稅、營利事業所得稅、綜合所得稅、證交稅等稅目課稅，但獲利高、稅率低，不成比例。洪明皇估計，2011年全台有多達1.49兆元，相當於全國64.2％的財富增加，來自房地產和證券交易的高額獲利，由於沒有核實課稅，是政府的賦稅統計資料中看不到的「隱形財富」（也是前一章說的「富藏於民」）。

　　台灣政府課到的稅，只來自全民財富的四成，所以政府又小又窮；而富豪資本雄厚，錢滾錢、利滾利，賺錢的速度好比搭噴射機，財富以倍數增長；領死薪水的普羅大眾，只能徒步邁向「錢途」，但沿途重重障礙如稅制剝削、薪資停滯，讓人步履蹣跚、舉步維艱，累積財富的速度天差地遠。

　　因此，台灣的貧富差距，只會比所知的更嚴重。而台灣所得集中的趨勢，對照OECD對會員國前1％收入的調查結果，超過日本、法國、瑞典，僅次於美國，貧與富的差距，已是台灣一道難以跨越的鴻溝！

豪宅的房屋稅比管理費還少

台灣的有錢人，資本利得高，卻只繳少少的稅。財政部的資料顯示，自2007年起，土地增值稅及證券交易稅，只占整體稅收大約10％，對國庫貢獻度極低，原因在於現行稅制悖離公平正義。

立法院預算中心曾在2011年對台灣不動產稅制提出五大缺失：

一、土地所得免徵營所稅，建商藉壓低房價、提高土地售價，規避售屋稅賦。

二、土地公告現值與市價嚴重脫節，致使土地交易價格超過土地公告現值，及產生贈與稅或遺產稅避稅空間等問題。

三、公告地價也嚴重脫離市價，地價稅低廉，建商或投資客的土地持有成本低，養地無負擔。

四、多數地方政府不動產評價委員會多年未調整房屋標準單價，與實際工程造價差距大。

五、不動產實價課稅部分，因有前次移轉現值認定及實際交易價格不易掌握等諸多問題，宜循序漸進改革。

這五點可說涵蓋當前房地產稅制所有問題。

在台灣買賣房地產，交易所得不課稅，只依公告現值課徵土地增值稅，但長久以來，公告現值都低於實際市價（有數據指出，公告現值不到市價四成），因此土地增值稅一直偏離實價，政府能課到的稅有限。而阿扁執政之初，由於全球經濟不景氣，房地產交易低迷，扁政府在2002年實施土地增值稅減半徵收兩年，2005年又大幅調降稅率。

台灣靠房地產致富者不知凡幾，台灣前1％的富人也都是超級大地主、大房東，原本就偏低的土地增值稅在連連調降稅率後，占全國稅收的比重一直很低，從2000年至2012年，除了2004年達到6％，其餘年度都在3.3％至4.7％之間。

而政府在放任炒房多年後，終於自2011年6月起，針對短期（兩年內）買賣非供自住的不動產開徵所謂的「奢侈稅」，持有一年內賣出，依據「銷售價格」（稅基）課15％，兩年內賣出課10％。

上有政策，下有對策，不想繳奢侈稅，兩年後再賣就好了，這兩年時間房子可出租賺房租，投資客沒損失，政府一毛錢奢侈稅也課不到。奢侈稅只是降低了房市短期交易量，效果不如預期。2013年因奢侈稅的徵收，資本利得稅占全國稅收比重上升至

5.7％，但與炒作房地產的高進帳仍不成比例。

　　舉個例子，2012年一則帝寶買賣的新聞躍上媒體。一名投資客2010年以每坪約220萬元的價格買下一戶164坪的帝寶，兩年後賣出，成交價每坪270萬元，僅僅兩年時間，該投資客賺進8,200萬元，這是很多人做牛做馬一輩子也不可能掙得的天文數字！但更令人髮指的是，該投資客獲利8,200萬元，需要繳納的土地增值稅只有305萬元，實質稅率3.71％，比所得稅最低級距的5％還低。

　　不只房地產買賣的稅率低，房地產持有的成本也低。由於台灣的房地產持有稅（房屋稅及地價稅），並不是以「市場交易價格」為課稅基礎，而是政府「參考市價」，訂出「遠低於市價」的課稅基礎，像公告地價大多只有實價的二至三成左右，所以房屋所有權人每年繳交的地價稅及房屋稅非常低，大約只占房屋市價的千分之二。看看其他國家的情況，美國及日本資產稅至少都有1％至1.5％之譜，擁有豪宅及多戶住宅稅率還要再高。房市改革行動聯盟、德明財經科技大學副教授花敬群指出，2013台灣房地產總值為112兆元，但房屋稅和地價稅只課了1,300億元，天差地遠。

再拿「帝寶」為例，每戶房價從億元起跳，但登記面積約260坪的住宅，2012年其房屋評定現值為1,180萬，與市價天差地遠，帝寶住戶每年繳納的房屋稅及地價稅，比管理費還少。

針對豪宅持有稅偏低的問題，台北市2011年7月首開全國先例實施「豪宅稅」，也就是加重版的房屋稅，可說比奢侈稅高明些，也比較符合租稅公平原則，否則豪宅的房屋稅，計算基準與一般房屋幾無差別，公平嗎？

2012年我國地價稅與房屋稅合計占GDP比重只有0.88％，連1％都不到，與OECD各國平均值1.14％相比，我國還有很大的成長空間。

證所稅名存實亡

關於股市獲利，一直到2013年1月1日第五度恢復課徵證所稅前，股市交易所得僅課法人，股市大戶投資股票的買賣價差不必課稅，也就是有錢人在股市賺取的鉅額財富不算「所得」，不必繳稅。2013年後，證所稅雖然恢復徵收，但學者專家認為新版證所稅悖離量能課稅的精神，「有稅目無稅收」，有名無實。

翻開台灣證所稅徵收史，真可說是波折重重。從1950年代台灣股票市場誕生，前四次開徵證所稅都鎩羽而歸，上一次開徵尤其慘烈。1988年9月24日，當時的財政部長郭婉容甫宣布隔年將復徵證所稅，股市立即無量下跌19天，大盤指數如同溜滑梯般，從8,789點一路下滑到5,615點，是台灣股市有史以來最嚴重的崩盤事件。政府雖如期在1989年復徵證所稅，終因反彈聲浪強大，一年後即喊卡。

　　時隔二十多年，證所稅捲土重來，不出意料，仍遭遇投資人及券商排山倒海的強烈反彈，當時的財政部長劉憶如全力捍衛政策，曾感嘆表示，台灣的薪資所得者一年薪資所得如果有400萬元，要繳將近100萬元的所得稅，稅率非常高；但證所稅只要求在股市淨賺400萬元的大戶繳20萬元的稅，他們都不願意。

　　工商團體及券商公會動作連連，以致立法院討論證所稅修正案時，朝野協商再協商，修出一隻「四不像」。劉憶如因為無法認同國民黨立院黨團版本，請辭財政部長一職。最後2013年6月三讀通過的新版證所稅，除了取消8,500點天險以及散戶免徵，對股市大戶則高高舉起、輕輕放下：全年交易售出股票金額超過10億元的部分，稅率只有千分之一，根本是

大放水。輿論批評證所稅「不抓小又放大」，公平性盡失，能有多少稅收？

有所得就應當繳稅，但在政府眼中，似乎「定時定額」發放的薪資所得，才是每分每毫都應該繳稅的所得，而且稅課得重；「不定時不定額」的投資獲利，則是「化外之得」，能免則免！顯然的，財政官員及多數立法委員，不是財團的代表就是早就被財團控制及玩弄於股掌之中。

減稅大放送，造福富人及財團

美國稅制不公讓人民積怨已深，但台灣稅制不公比美國更嚴重，對有錢人及大企業來說，台灣是低稅天堂、避稅勝地。

富人不但股市獲利及養地養房稅金低，遺贈稅也低。2009 年，金融海嘯餘威猶在，馬政府認為遺產稅及贈與稅稅率高，只是讓有錢人把財產放在海外避稅，於是將遺產稅與贈與稅率由 50％降至 10％，希望吸引有錢人把錢匯回台灣投資，帶動經濟成長，政府還可能增加企業營利等稅收。結果錢是回來了，但多數流入房市，無益振興經濟，反倒炒高了房價。

不只富人稅繳得少，連賺得盆滿缽滿的大企業大

財團，對國庫稅收的貢獻也很少。《天下》雜誌2013年的調查指出，台灣有24家年獲利超過百億元的上市櫃公司，實質平均稅率只有9.1％，其中甚至有7家公司稅率在5％以下，遠低於營利事業所得稅17％（已偏低，2010年由25％降為17％），比一般上班族的個人所得稅率都低，而愈大的企業，稅率愈低！

為什麼？因為台灣小又欠缺天然資源，經濟必須仰賴對外貿易，為了吸引外資前進台灣、鼓勵本土企業留在台灣，政府把產業界當老佛爺供著，推出一項又項租稅減免措施。2001年至2013年，國內產業因「促進產業升級與產業創新條例」減免的稅捐，每年都超過1,000億元；2009年及2010年這兩年，每年減免的稅捐甚至逼近2,000億元，與這幾年來政府每年大約2,200億元的預算缺口相去不遠。

從1988年李登輝總統執政起，政府即「減稅大放送」，扁政府及馬政府持續「慷慨減稅」，除了前面提到的土地增值稅、遺產稅和贈與稅，其他減稅項目還有娛樂稅、地價稅、房屋稅、貨物稅、證交稅、牌照稅、所得稅、契稅、營業稅、營利事業所得稅、菸酒稅、期貨交易稅⋯⋯，可說「族繁不及備載」。多項稅目如娛樂稅、貨物稅、牌照稅、遺贈稅、地價

稅、土地增值稅及營業稅等，一降再降，減免不只一次。

其中1998年實施的營利事業所得稅與綜合所得稅合一制度（稱為「兩稅合一」），以及1999年實施的金融業營業稅率降低，影響深遠，兩者合計造成的稅收損失，估計每年逾1,000億元。

多年來政府絕大多數的減稅措施，受益者都是富商及大企業，統計顯示，台灣企業所繳的稅只占GDP的2.7％，不到香港的一半，也遠比中國大陸低，受薪階級因而成了繳稅的中流柢柱。從1998年起，台灣薪資所得占GDP的比例一直下滑，企業盈餘占GDP的比例一路揚升，但台灣稅基主要由受薪階級負擔，75％所得稅是勞動所得繳交的薪資稅，來自股市和房地產交易的稅收比例不到1％。

政府又小又窮，公債餘額幾乎破表（全年GDP的40％），2014年只得祭出財政健全方案，對綜合所得淨額1,000萬者，稅率調升為45％，然而對炒房暴利者仍是放過一馬。健全方案增加的稅不過650億，此與「稅改」後，每年至少流失2,000億，真是小巫見大巫，政府繼續又小又窮，貧富差距繼續擴大。

不公不義，莫此為甚。孫文的《三民主義》主張

土地漲價歸公，而國民黨中常會會前主席例行要宣讀總理遺囑，這是今日國民黨人，也是馬英九先生對孫中山先生最大的汙辱。

小老百姓種樹，有錢人納涼

小老百姓繳的稅金多，可以說，政府的基礎建設如造橋鋪路、維持治安等等，都是受薪階級出的錢，資本利得者貢獻極少，卻享用多多。

以居住在台北市的富商巨賈為例，台北市的塞車問題在捷運路網建構完成後大幅改善，有錢人的名車得以在馬路上舒適暢行；而有錢人居住的豪宅之所以能享有高房價，是因為座落區段優、地點好、景觀美、治安佳。然而，捷運是用小老百姓納稅錢興建的；平坦馬路是用小老百姓納稅錢鋪的；景觀美，是用小老百姓納稅錢種植路樹、闢建公園、大力綠化美化來的；而維持治安的警察、維持環境清潔的清潔隊員，薪水也是小老百姓納稅錢支付的。

富人繳稅少，卻享用優質的公共財及建設成果，完全不符合稅法「量能課稅」的精神。小老百姓種樹，富人納涼，如此劫貧濟富，政府領導人不覺得羞愧嗎？富人不只豪宅應該多繳持有稅，其他資本利得

也應合理課稅，才符合公平原則。但富人一聽到要加稅，就跳起來抗議，說生存不下去，揚言出走，不覺得羞恥嗎？

當然，不是所有的資本家都自私自利不講理，美國股神巴菲特、微軟創辦人比爾蓋茲，以及台灣的航運鉅子張榮發，或主張加自己稅，或大量捐款，或承諾身後全部財產捐作公益，令人欽佩。

有錢人多繳稅，已是世界潮流，歐美各國相繼展開稅改，增加資本利得稅，甚至開徵「富人稅」。我們不要求台灣課徵富人稅，也不敢奢求資本家都向巴菲特等看齊，但求公義而已，稅制能有起碼的公道與公平。

稅制若再不改革，政府再繼續壓榨苦哈哈的受薪階級及勞動階級，當人民產生強烈的相對剝奪感，被逼上梁山，是會揭竿而起的！

分配正義
救台灣

第十一章

炒房炒地不只禍害經濟

錢潮奔向房市，產業無法升級

買不起房，長期高居十大民怨之首，但問題沒那麼簡單。
當炒房炒地獲利最快、風險最低，誰還要投入產業和創新？
當台灣經濟缺乏新動能，誰還有未來？

　　前任行政院長江宜樺有一次被問到台灣房價過高的問題時，直言依現在的態勢，他的兩個兒子未來也買不起房子；隔天前任台北市長郝龍斌被問及相同問題時亦表示，「我的孩子也買不起」。一個國家近三十年來房價不合理飆漲，搞到行政院長及首都市長的孩子都買不起房子，真是可笑。然而最荒謬的，不知該說是政府對此拿不出有效對策，還是這些根本就是政府政策造成的結果？

　　1989年8月28日，無殼蝸牛運動風起雲湧，2014年10月4日，無殼蝸牛捲土重來，「巢運」登場。二十五年過去，長達四分之一世紀的時間，高房價不但沒有改善，反而愈演愈烈，都會區房價偏高，長期高居

十大民怨之首。

台北買房，必須 14.25 年不吃不喝

台灣房價高到什麼地步呢？

內政部營建署 2014 年第二季台灣家庭房價負擔能力調查顯示，全國房價所得比從第一季的 7.51 倍跳升到 8.34 倍，而台北市及新北市的房價所得比分別為 14.25 倍及 12.8 倍。「房價所得比」是以房屋總價除以家戶可支配年所得，代表一個家庭不吃不喝，需要多少年時間才能買房子，倍數愈高，買房難度愈高；在台北買房，必須 14.25 年不吃不喝，在新北市買房也得 12.8 年不吃不喝。

而美國顧問公司 Demographia，用同樣的計算基準調查美國、英國、澳洲、加拿大、愛爾蘭、日本、紐西蘭、新加坡和香港等九個國家和地區共 360 個城市，於 2014 年 1 月 21 日發表了「國際房價能力負擔調查」。結果顯示全球大都會中，以香港房價負擔最高，平均房價是年平均所得的 14.9 倍，其次是溫哥華的 10.3 倍，夏威夷以 9.4 倍位居第三。以此調查參照，台北市及新北市的房價所得比，分居全球第二及第三。

Demographia 依世界銀行與聯合國的評估方式，將房價負擔能力分為四個等級，房價所得比低於3倍，屬於一般家庭「可負擔」的水準，3.1至4倍為「略微超過負擔」，4.1至5倍為「嚴重負擔不起」，5倍以上則「極度無法負擔」。Demographia調查報告中澳洲及紐西蘭為5.5，新加坡5.1，英國4.9，日本4.0，加拿大3.9，美國3.4，愛爾蘭2.8，而全台平均房價所得比為8.34倍，逼近其他已開發國家的兩倍之多，顯示台灣人民即使在雙北以外地區購屋，也並不輕鬆。

中央銀行2013年發布的《中華民國金融穩定報告》中指出，2012年全台家庭借款餘額為11.76兆元，相當於全年GDP的83.77％，其中71.05％用在購買不動產。另根據行政院主計總處的調查，2012年平均每戶家庭負債164萬元，包括貸款146萬元及其他金融性負債18萬元，亦即台灣家庭負債以房貸為最大宗。

而房貸負擔的冠亞軍，當然還是房價所得比最高的雙北。「貸款負擔率」是以每月須攤還的房貸金額除以家戶可支配月所得，代表買房子的人每月要拿出多少比例的收入繳房貸，比率愈高，負擔愈重。營建署調查，2014年第一季家庭貸款負擔率，台北市為

61.8％，意謂買房子的家庭，每個月必須拿六成以上所得支付房貸；新北市為52％，表示購屋家庭每月必須拿出一半所得繳房貸。而房貸一旦排擠其他消費支出，內需衰退、景氣不佳，連帶影響台灣經濟成長。

　　更令人憂心的是，房價漲勢不止。看看台北市的房價所得比，2009年第一季為8.9倍，2014年第二季揚升到14.25倍，五年內成長逾六成。

　　房價飆漲，跟台灣整體經濟成長息息相關。蔣經國執政時，台灣年均經濟增長達9％，為全球之冠。蔣經國執政末期及李登輝接任初期，股市景況大好，股票怎麼買怎麼賺，台灣掀起股票熱潮，買賣股票幾乎成全民運動。雖然股市因為政府宣布復徵證所稅暴跌，但沒多久又因政府宣布取消徵收證所稅而恢復元氣，1989年6月19日，台股首次破萬點，1989年底，台灣股民開戶數達500萬戶。

　　隨著股票指數上漲，台北房價也漲漲漲，1987年至1989年就漲了5倍，無殼蝸牛運動就是在這樣的背景下誕生的。1990年1月，股市站上12,495點的歷史新高，但美麗的泡泡沒能維持太久，1990年2月到10月，股市由12,682點狂瀉到2,485點，暫時遏止台北房價飆漲。

但房價長期大勢仍是上漲，二十五年來，台北市預售屋平均房價，從每坪33.73萬元漲到92.34萬元；1989年無殼蝸牛夜宿忠孝東路時，這裡的房價每坪突破50萬元，二十五年後，台北豪宅每坪單價已經上漲到300萬至400萬元。不只台北人買不起房子，台中、高雄的房價都因投機客大舉進軍房市，房價漲得離譜，在地人抱怨連連。

空屋率高，供需失衡

房子不停蓋、建案不停推，但都賣出去了嗎？

世界各國對空屋的定義不同，我國不同單位進行的調查結果也不同。2010年底行政院主計總處辦理人口及住宅普查，推計國內「空閒住宅」有156萬戶，空屋率高達19.4％。

內政部營建署2014年9月發布的「2013年低度使用住宅及新建餘屋資訊統計」，則是以每月用電低於60度的方式推計「低度使用住宅」的戶數，2013年底為85.6萬戶，占全體住宅存量比率10.5％，等於每10戶就有一戶空屋。都會區空屋數尤其多，台北市66,354戶、新北市117,772戶、桃園縣81,992戶，台中市99,156戶、台南市67,371戶、高雄市108,414戶。

一個國家自然空屋率介於3％到5％才算正常，台灣自2008年以來空屋率揚升到二位數後，就再也沒有降下來過，與香港及新加坡空屋率分別為4.3％及5.6％相比，是他們的兩倍。營建署的統計（2013年10月）也顯示，雙北市面積小於20坪的空屋，占比為19.5％，遠高於其他大坪數；五年以下的新成屋空屋率更多到20.9％。

　　這廂無殼蝸牛望屋興嘆，那廂空屋一堆養蚊子，顯示房市嚴重供需失調，而且浪費資源。

　　政府常以台灣「住宅自有率」高達88％，認為台灣無殼問題不嚴重。但無殼蝸牛聯盟認為，這個數字失真，因為官方的「住宅自有率」的計算方式，是直接將權屬登記為「自有」的住宅數除以總戶數，所以除非這些「自有宅」的所有權人都不同，這個88％才算數。但實際上名下有兩間以上房子的大有人在，顯然88％住宅自有率這個數字悖離現實。

　　無殼蝸牛聯盟認為，比較接近的推估應為台灣100家戶中，30戶以上無自宅，或配住宿舍或租屋，或居住他人住宅或與親友共住；其他的70戶以下擁有88戶住宅，其中60戶各有一宅，7戶各有兩宅，3戶各有三宅或更多。（對照財政部的統計資料，2012

年名下有房的國民有810萬人，其中89.3％、724萬人持有一棟房；8.4％、68萬人擁有兩棟房；2.3％、18萬人擁有三棟及以上，無殼蝸牛聯盟的推估與此相去不遠。）

但房價飆漲衝擊的不只是沒有房子的30％以上家庭，還包括60％只擁有一戶自用住宅，但是有換屋需求的家庭。因為很多是老舊公寓，賣掉後不一定買得起區位更理想、更大及更新的房子，換屋族也受害於高房價。

當百業莫如炒房好

要求政府遏止炒房歪風，不只是為了居住正義，也是著眼國家整體發展，不讓投機的炒房集團禍害台灣經濟。炒房炒地的「副作用」不只是房價高、空屋多而已，更糟的是，房地產交易獲利快又高，「經商致富」不如「炒房致富」，百業莫如炒房好，企業主何必辛苦經營產業？滾滾錢潮當然奔向房市。另外，在台灣擁有房地產賦稅輕，是炒房的天堂，政府接連調降遺贈稅及營利事業所得稅，更讓海外資金大幅流入房市，將房價炒高。

大老闆利益薰心到什麼地步呢？已經很有錢的英

業達集團創辦人葉國一，幾年前以員工當人頭，低價配售到22戶安置士林官邸拆遷戶的專案住宅，不當獲利數億元，依詐欺罪起訴。葉國一不想身陷囹圄，坦承犯行，無償返還22戶專案住宅及興建期間補助住戶的租屋津貼上千萬元，換得緩起訴。

炒房不夠，還要炒地皮！保險公司或財團，以被保險人交的保險費，支付極低的利息，炒地賺得鉅額財富。最早是今日南京東路華航旁，現今六福皇宮土地，國泰人壽在1987年以一坪90萬元，標下國有財產1,700多坪，現今每坪已是600到700萬的天價。再來是新光保險在2006年，以63億標下原信義聯勤聯誼社的土地，2008年售出獲利37億，養地成本只繳千餘萬的地價稅。

監察院發現2004年到2009年，國有財產局標售75筆土地，轉手三次有六案，四次有八案，這不是炒地皮，什麼才是炒地皮？

雖然後來政府立法通過公有土地只租不賣原則，但還是未能遏止炒地皮的歪風，沒有政府土地可炒，那就炒私有土地。味全三重廠土地15,800坪，底價73.99億元，頂新集團旗下的頂率開發以101.68億元標下，申請從工業用地變更為商業及住宅用地，業界

估計土地價值上看200億元。但頂新爆發黑心油品事件後，考量社會觀感，2015年1月12日新北市府裁決中止這起土地變更案。然而，若不是餿水油事件，魏家極可能順利完成地目變更，賺取天價暴利。

再舉一例，新竹市R1道路43公里，要花46億徵地及修建道路，完工後卻只節省2.8分鐘行車時間與0.84公里的行駛距離，修路意義何在？公民團體「廢除R1行動聯盟」直指，闢建R1道路是市府與建商為了開發周邊建設聯手打造的計畫，因為R1道路除了成本遠高於其他道路的計畫費用，也欠缺公益性與必要性，該聯盟質疑難道台灣已是「建商治市治國」，市府以公權力為建商圈地豪宅？地方都市規劃委員會審議通過此案後，當地農民強烈反彈，抗議政府不公不義，這與大陸官商強硬徵收民地害死農民，本質上有何不同？

全台目前有將近150萬戶空屋（主計總處「人口及住宅普查」的調查結果），每戶平均以1,000萬元計，相當於15兆財富凍結在鋼筋水泥上，導致產業缺少資金投入創業研發，限制了台灣產業創新與升級；而辛苦小民把五、六成的可支配所得去繳房貸或高額房租，缺乏現金消費，景氣必然低迷，阻礙經濟

發展。

《天下》雜誌的調查採訪指出，年輕世代想創業，卻苦於找不到願意投資的金主，因為同樣的資金，拿去投資房地產，有九成機率可以在一年內轉手獲利，但投入創業，卻至少要等五、六年才能開始轉虧為盈。資本家用錢滾錢的低成本、高利潤，不只相對剝奪了年輕世代的發展空間，背後更大的隱憂，是形成投資集中於股、房市，而非投入產業創新的惡性循環，讓台灣經濟缺乏新動能。

前財政部長、現任成功大學副校長何志欽直言，當炒股炒房的潛在獲利和風險、稅務負擔，都遠優於開創新事業或投資研發時，企業主和資本家為何還要投入產業升級？為何還要投資年輕世代？

房地產是經濟的土石流

理財專欄作家李柏鋒也指出，有錢人發現炒作房地產比經營事業更好賺，風險也比發展新的方向或投資新創企業更小；大老闆發現在房地產市場中，一買一賣就有兩、三成獲利，當然不願意花心思好好經營事業。結果不但心思飄走了，連資金也搬走了，全部放進預期報酬率最高的房地產，不再拿來擴廠、買

設備、聘人才、加強技術研發、設計更好產品。所以舊的產業沒有升級或轉型，逐漸被淘汰，新的產業想要發展卻困難重重，許多產業因此錯過最好的發展時機。所以房地產報酬愈高，意味台灣的產業落後其他國家愈多。

國富成長主要來自房地產，李柏鋒因而譏諷「台灣窮得只剩下房地產」，房地產業洋洋自得他們是產業的火車頭，但對台灣而言，房地產不是經濟的火車頭，而是土石流，要救台灣的經濟，必得先打房！

台灣大學建築與城鄉研究所教授畢恆達，曾在他的臉書上發文批評台灣的房地產現象。他說，台灣房地產有三高：空屋率高（19.3％）、房屋自有率高（88％）、房價高，這三個在國外相互矛盾的現象，在台灣卻並存。有一次他到淡水某河景第一排的朋友家拜訪，朋友說該社區每一間房子都賣出去了，交屋已近兩年，但進住率不到五成。

炒作房地產成為台灣最好的獲利管道，在農村再生條例、都市更新條例及容積獎勵等法令推波助瀾下，土地變更使用後價格馬上翻好幾翻；房地產交易的稅率低，交易價格又不透明，房地產也成為財團避稅（如遺產稅）的手段。房地產價格高，獲利多，政

府拍賣稀有的國有地來籌措財源，地方政府以開發為名進行土地徵收，實際上卻是炒房又危害地主權益。

炒房的錢這麼好賺，何苦還要蓋工廠雇工人？當資金大幅流向房地產的時候，也讓其他產業受到傷害；租金不斷上漲，有特色的個人工作室、餐館或咖啡館不是歇業，就是被迫遷往更偏僻的地方。

畢恆達感慨，台灣有多少不公不義的事情是與土地及房產有關的，如果繼續炒作房地產，台灣的產業競爭力將會逐年下降、都市會變得更無趣、貧富懸殊的問題會擴大，就等著年輕人烽火四起吧！

年輕人點燃的第一把烽火

2014年，怒嗆高房價的「巢運」，即是年輕人點燃的第一把烽火。「巢運」登場時，「老蝸牛」李幸長指出，十五年來年輕人薪資水準原地不動，房價卻高漲，問題比二十五年前更嚴重，房價即使砍一半，年輕人還是買不起，現在的年輕人對買房，簡直要用「絕望」來形容，「靠爸族」才可能買得起房子。

沒有父母奧援的年輕人，成家立業沒錢買房，心裡很難過；但咬牙買了房，日子很難過。房價漲勢不止，薪水卻原地踏步，揹了殼，房貸負擔沉重，勢必

節衣縮食當屋奴。

　　一個在內湖科學園區工作、月薪36K的29歲工程師，女友堅持婚前必須先買房，否則沒有安全感。他與父母同住，省了房租的開銷，但每月薪水扣除26,000多元車貸及3,000元停車費後，僅剩7,000元，如何購屋？他上網求助，詢問以他的經濟狀況，要買房子讓女友答應嫁給他，應該怎麼做？結果網友們紛紛建議「換個女友吧」，因為Mission Impossible，根本是不可能的任務！

　　這不是笑話，而是2014年8月媒體報導的新聞。在這個年頭，男方有沒有能力購屋，的確是護女心切的家庭評估是否嫁女兒的條件之一。即使男方買了房子娶回美嬌娘，房貸的壓力也將讓小夫妻在生與不生之間考慮再三，決定生，怕養不起，往往也只敢生一個。

　　台灣人口結構已成倒三角型，人口數不增反減，少子化問題愈來愈嚴重，不可諱言，高房價是「元凶」之一。只能說，台灣社會為炒房炒地付出經濟發展及人口成長雙雙停滯的慘痛代價，而且興起仇富的氛圍，「巢運」夜宿帝寶前的仁愛路，絕不會是最後一次，日後類似的運動若都以包圍豪宅做為抗爭手

段，必然影響房價，這豈是富人們的期盼？

理論上，空房多表示供給過剩，薪資倒退表示購買力下降，兩者交互作用，房價理當下跌，但實際上房價卻節節上升，原因就在人為操控。炒房是短多長空，只會讓一個國家的經濟體質衰敗。以西班牙為例，一堆爛頭寸進入所謂的火車頭產業（即房地產），大炒特炒，造成一時榮景，但之後成千上萬的空房帶來的是民生凋敝，人民苦不堪言。

政府不敢大力打房，一是利益考量，房價下跌，人民財富縮水，國家財富也縮水；二是選票考量，既得利益者大失血，選票也將大流失。但房地產其實是假性需求，台灣毫無節制的炒房，必有泡沫化的一日，屆時房地產商們勢必要求政府拿勞動者繳納的稅金給他們紓困。賺飽飽時毫不考慮降價讓年輕人買得起房子，極度剝削勞動者，面臨崩盤時又要年輕人掏錢救房市，有比這更不公平的嗎？

「漲價歸公，平均地權」是孫中山先生的遺訓，從李登輝開始，國民黨完全反其道而行，當權者結合財團及地方派系，大炒地皮及房產，從中獲取暴利。民進黨執政時也同樣向財團靠攏，完全違反黨綱，和國民黨並無二致。表面上雖然「國」民黨與「民」進

黨兩黨輪流執政，但實際在內政上，是「國」「民」黨永續執政，房地產政策皆「一以貫之」，都被財團及地方派系掌握及玩弄。

　　一堆財經官員及御用財經專家則是幫凶，台灣的居住正義被炒得焦黑，嚴重影響經濟正常發展，官商勾結、敗壞官箴、擴大貧富差距及階級對立、強化相對剝奪感，害慘台灣人民。

　　但無論「國」還是「民」執政，再放任不管，就是將台灣這塊大土地，拱手奉送炒房集團，任由無良奸商炒掉台灣年輕族群的未來，屆時兩黨過去和現在的領導人，是否都該自宮謝罪？

第十二章

薪資凍漲，人口凍長
雙凍效應，凍住年輕世代的未來

十多年來，食衣住行育樂樣樣漲，就是薪水原地踏步！
政府放任資本家低薪壓榨勞工，逼得有本事有能力的人出走海外，
在台灣，難道人力、腦力皆不值錢？

　　過去十年，台灣經濟成長雖然不佳，平均每年仍有3％至4％，GDP也有30％以上的成長幅度，但平均薪資卻倒回十六年前，受薪階級苦不堪言。

　　談到加薪，老闆們總是兩手一攤，說景氣不好公司沒賺錢，無法加薪，大家要共體時艱。但統計數字明白告訴我們，企業早已自金融海嘯的谷底爬上來，而且有了漂亮的營運績效。依金管會統計，2012國內上市櫃公司稅前淨利累計達1.28兆元，2013年則有1.88兆元，成長47％；上市公司表現尤佳，2013年營收及獲利分別為26.8兆元與1.78兆元。老闆們說沒錢加薪，說得過去嗎？

拚經濟，拚誰的經濟？

　　這些年來，政府開口閉口拚經濟，施政皆以拚經濟為目標，但拚的是誰的經濟？政府及財經專家認為降稅會促進資本家投資及創造就業機會，普羅大眾也獲益，對企業財團利多的減稅措施一項項推出。結果，企業是賺錢了、餅也做大了，但資本家從減稅所獲得的鉅額利益，並未「自動」流向受薪階層，而是投入房市與股市炒作，獲取更多不當利益。

　　經濟成長的果實均歸大戶及財團，小老百姓連餅屑都沒分到，而富者益富、貧者益貧的惡性循環，也就此形成，足見政府拚的是富人及財團的經濟，而非全民的經濟。

　　從受僱人員報酬與企業盈餘占 GDP 的比重，更可具體看出拚經濟的成果到哪裡去了。

　　中央研究院 2014 年 6 月提出的〈賦稅改革政策建議書〉中指出，台灣受僱人員報酬占 GDP 比重在 1990 年曾經站上 51.7％的高點，但此後就一直下滑，2011 年滑落至 46％；企業盈餘占 GDP 比重則相反，曲線是上升的，2011 年約 52％左右。

　　兩者的差距在 1997 年由正轉負，之後差距逐漸

拉大，顯示企業經營者享受了更多全球化經濟以及經濟成長的果實；與其他國家比較，台灣受僱人員報酬占 GDP 的比重遠低於美國、日本及德國，2005 年前仍明顯高於韓國，但 2011 年後，韓國已超越我國。

台灣這些年來的經濟成長，是勞工做牛做馬的成果，但企業的獲利與盈餘，小氣老闆統統放進自己的口袋，完全沒有跟員工共享的意思，以致各行各業均存在血汗勞工，再怎麼流血流汗，也只能賺得微薄的薪水。

營利事業的老闆追求財富無限大也就罷了，但屬於全民的財團法人醫院，享有各種租稅減免，年度結餘幾十億，甚至有達百億的，但就是不願增聘醫師、護士等醫事人員及提升待遇。衛生署從 2011 年起共編 91 億元補助醫院增聘護士，也提高對五大艱困科（內、外、婦、兒及急診科）的支付，結果不少醫院把錢拿去興建新大樓、添購新設備，繼續從事醫療的軍備競賽及增加盈餘，血汗醫院依舊。

企業主高度壓榨勞工的劣行，可惡，但政府放任不管，更可惡！一個國家經濟有成長，薪資竟然倒回十六年以前，顯示政策錯誤，從財經官員到執政者，應不應該下台？

分配正義
救台灣

低薪風暴籠罩台灣

　　勞動部統計，台灣從2002年至2012年，薪資年增率是0.3％，鄰近國家香港為6.86％、南韓5.34％，新加坡2.28％，與近十年每年3％至4％的經濟成長率相比，台灣薪資成長率只有經濟成長率的1/10；勞動部2012年一項調查也指出，大專以上社會新鮮人起薪平均26,460元，只比十年前增加601元。

　　十多年來，食衣住行育樂樣樣漲，就是薪水原地踏步！更慘的是，低薪風暴始終籠罩台灣上空，陰霾絲毫沒有放晴的跡象。

　　全球競爭力大師麥可‧波特（Michael E.Porter）2014年10月訪台，他在專題演講中指出，台灣擁有產業競爭優勢及訓練有素的勞動力，專利數全球第一，競爭力表現不輸韓國，絕對是菁英國家之一；以他執教的美國哈佛大學團隊與麻省理工學院共同研究出的ISC競爭力模型分析，台灣的世界總體競爭力及排名，在144個國家中排名18，但薪資水準遠遠落後，人民平均所得排名全球60。

　　他說，產業永續發展表現在企業競爭力提升及薪資調升上，勞動人口的生活水準是否跟著提升，是

產業競爭力指標之一。台灣工資漲幅低於鄰近國家，勞工平均工資不上升，表示在競爭力的提升項目上，台灣做得不夠好。他認為，台灣總體競爭力高而薪資低，原因在於台灣的企業主把成本管控放在創造價值與利潤之前。波特也指出，如果薪資停滯，投資研發的資金不到位，將導致人才外流。

台灣年輕人的希望在哪裡？前途在哪裡？

年輕世代的憂心

政府2014年7月召開全國經貿國是會議，青年代表的發言在在顯示他們對未來的憂心。

財金博學院執行長林祖儀表示，他是七年級生，剛滿30歲，工作四年，他覺得四十年後的他，會是一個養不起父母、讓小孩自生自滅的人生失敗組；會是一名拾荒老人，因為存不到退休金；會是一名街友，因為買不起房子。這幾乎是七年級生共同遇到的困境，原因有三：一是台灣跟上全球化趨勢，房價高漲，但年輕人無地無房，享受不到資產成長；二是低薪風暴持續，薪資不漲反退回到十六年前，比1998年還低；三是人口老化以及少子化，勞動力短缺問題，加重年輕人的負擔。

林祖儀指出，根據全球知名房地產顧問公司Knight Frank的調查報告顯示，在2012年第二季到2013年第二季共一年時間內，台灣房價漲幅最高達15.4％，排名全球第三，僅次於杜拜和香港。「提早買房子的人，躺著就能賺到七年級生一輩子可能也賺不到的錢，這是一個世代階級的剝削。」年輕人荷包這麼薄，老年後能期待兒女奉養嗎？退休生活怎麼辦？

　　PTT實業坊站長陳奐宇說，市場自由化造成社會擺盪較大，連中堅份子都有可能被擺盪到外面去。而台灣在全球化過程中並沒有保障勞工權益，很多勞工要的不是創業，只想好好在一個工作崗位上做二、三十年，退休時有點錢養老，或子女能順利就業有收入養他。但據新聞報導，中南部以低於基本薪資的薪水招募勞工，或試用期無勞健保，已是業界常態，由於工作難找，條件苛刻還是有人願意屈就，而勞動部似乎束手無策。

　　他認為現在的台灣是「兩個台灣」，一個是產業升級飛躍的台灣，一個是飛不起來的台灣。他不客氣的說，一個國家連勞工基本權益都沒辦法保障，大談產業創新與發展都是假的。

　　台大管理學系學生邱丞正也說，他很多朋友找

到的工作，一種是公立大學表面符合法規，但加班很多又沒有加班費的研究助理；另一種是最低薪資的工作，都是被壓榨剝削的一方。

他說，台灣人很厲害、很了不起，能夠在一個幾乎沒什麼天然資源的小島上，發展出全球第16大經濟體，靠的就是人才，而台灣其實也就只有人而已。可是這幾年人才外流嚴重，企業招不到好人才，或是青年都出國打工旅遊，沒有「才盡其用」，原因除了薪資低廉、產學合作不佳，最大問題在沒有落實勞動法規，不利台灣未來發展。只有保障勞動條件，才能夠讓人才留在台灣。

青年代表的發言，直指問題核心：政府長期漠視勞動價值，無論是勞力還是勞心。除了勞動階級從薪資到稅制都被剝削，政府放任資本家低薪壓榨勞工，只會逼得有本事有能力的人出走到海外。不只工商業，學術界也如此，近十年來台灣不少優秀學者及研究人才接受對岸及香港高薪挖角，也是因學術研究環境的落差，說明在台灣，人力、腦力皆不值錢。

求職難薪水低，誰之過？

2013年在台灣舉行的一項座談會中，有學生問兩

分配正義
救台灣

位諾貝爾經濟學獎得主，有關青年畢業生失業問題。
這兩位學者回答，「當然是學生的問題」；遠見天下
創辦人高希均面對類似的問題時也直言，很多年輕人
完成學業後還是靠父母照顧，但工作總要自己找吧，
「政府沒有欠你，是你自己欠自己」。

這話說得沒錯，再壞的時期、再惡劣的環境，都
有人創業成功、飛黃騰達；成就與學歷也沒什麼一定
的關係，比爾‧蓋茲及賈伯斯大學都沒畢業，王永慶
只有小學程度，郭台銘也不是台清交高材生，不都在
產業上雄霸一方、富甲天下，數錢數到手抽筋？

相熟的修車行老闆與水電行老闆都向我抱怨，即
使願意支付比22K高兩、三倍的薪水，還是找不到年
輕工人，看來三、五年後只有關門一途。焊接工、裝
潢工等行業也都有相同的困擾，即使「出師」後、手
藝熟練的師傅每月所得可達6、7萬元以上，但願意
投入的年輕人不多。

有工作不做、有錢不賺，一踏出校門只想找錢
多、事少、責任輕還要離家近的工作（這沒什麼不
對，人同此心、心同此理，只是要評估自己有沒有這
個條件），從個人或微觀而言，找不到工作當然是個
人的責任。

但從宏觀的角度來看，今日年輕人所處的又是怎麼樣的社會環境？政府貪腐醜聞一樁又一樁、蚊子館蓋不停，浪費成性；政府又小又窮，不但對教育、研發投入不足，還帶頭大量進用派遣人員（而且以勞動部為甚）；對家庭支持也嚴重不足，結婚率及生育率雙雙下降，嚴重侵蝕國家未來根基。

　　再者，政商勾結嚴重，政府財經施政偏袒資本家，國家整體經濟政策貶抑勞動價值，經濟雖成長，但成長的果實絕大部分經由炒房炒股，轉移到少數財團及少數人手中，還幾乎不用納稅，受薪階級薪資倒退十六年，但承擔了國家絕大部分賦稅。

　　年輕世代目前有82萬6千人靠助學貸款讀大學，一出校門就背負30萬元以上的債務，而台灣目前30歲以下的就業人口，60%月薪不到3萬元，何時才能還清就學貸款？大學畢業再怎麼努力也逃脫不了22K的宿命，如何購屋結婚養家？在校園多熬幾年好不容易拿到碩博士學位，卻只能在公家部會或民間企業當派遣工，年輕世代怎麼不會懷憂喪志？不如過一天算一天，有個小確幸就歡天喜地，感謝「大人們」了。

　　因此宏觀而言，如果是很多年輕人、而不是少數人找不到工作，政府當然要負起相當的責任。

分配正義
救台灣

台灣消失的679萬人

但比青年就業難及薪水凍漲更嚴重的問題，是人口不但凍長，且將逐漸減少。

經濟學者葉家興依行政院國發會2014年完成的「中華民國人口推計：103年至150年」，寫了一篇〈台灣消失的679萬人〉，將統計數字化成警世寓言。

葉家興說，2061年是該份報告最終推計年份，官方數據最悲觀的估計是，台灣人口比今日減少679萬人（最樂觀的估計也會減少415萬人）。如果這個版本的假設確實成真，屆時台灣人口數將回到1,660萬人，跟他進小學的1976年一樣。他寫道：

但除了「總人口」一樣之外，兩個1,660萬人口的台灣社會，有著天壤之別的面貌。民國65年適逢龍年，全年有42.5萬新生兒呱呱墜地。民國150年（小龍年），低推計的出生人數只有5.6萬人，比去年（民國102年）大台北出生的人數（6.2萬）還少。更驚人的是，民國65年，65歲以上人口只有60萬；民國150年，這個數字膨脹到730萬。

想想看，1,660萬的人口裡，住著730萬高齡人口

（包括我，如果還在的話）。而14歲以下幼年人口，不到100萬（包括我的曾孫，如果有的話）。目前的2,600多所小學如果沒有關門，平均每校每年只有25個學生。

去年出生的19.9萬人之中，也許其中一人會在民國150年成為人中龍鳳，坐上總統、行政院長的大位。然而他／她窮盡人類歷史，也無法從中找到線索，如何治理老態龍鍾的國家。

到時，國家稅收主要來自810萬（現在的1,730萬腰斬）青壯年人口，卻要支應730萬高齡人口的退休年金、長期照護、健康保險……的移轉支出。面對捷運車廂裡近半數的博愛座，這種捷運必然開得很慢，慢到「捷」字是否應該換掉，730萬人辯論不已。

這樣的台灣，驚不驚悚？

另外，《天下》雜誌報導，2016年「台灣人」將出現三大轉折：一是從這一年起，台灣15歲到67歲勞動人口將史無前例的減少，由高峰1,737.6萬人，每年減少30萬人，十年累計減少7.5%；二是台灣老人數突破311萬，將第一次超越小孩數；三是台灣人口的年齡中位數將第一次突破40歲，過半台灣人走

入人生的後半場。

　　所以其實不用到2061年，從現在起不出十年，台灣的經濟與政府稅收，就將因勞動人口大幅減少而大受衝擊。勞動力不足、稅收大減，意味年輕世代肩上的擔子更重，除了少數富二代不必煩惱，絕大多數的新世代，日子只會更辛苦更難過，擔子將沉重到他們直不起腰，而且因無力扭轉未來，代代翻身無望。

貧富「世襲化」是另一噩夢

　　貧窮世襲，也是台灣新世代的噩夢。

　　台灣貧富差距不斷擴大已經夠慘了，但貧富進一步「世襲化」，不公不義的問題更大，這表示窮的這一方再怎麼吃苦打拚，都沒有辦法改變貧窮的命運。這裡的窮人不是官方定義的低收入貧戶，而是相對於資本雄厚可輕鬆累積財富的「有產階級」，沒有不動產只能靠薪水過活及儲蓄的台灣新貧族。

　　法國《解放報》2014年5月刊出一則台灣貧富差距日益增大的報導，指貧富在台灣已經是世襲，一個人的出身將大幅決定他往後的財富。《天下》雜誌的2014年6月的民調顯示，台灣近七成民眾認為努力賺錢，也難有翻身的一天。《聯合報》2014年7月進行

的「世代圖像大調查」，發現從18到65歲的各個工作世代，認為台灣貧富差距比十年前嚴重的都超過八成；另外，各世代都有超過六成，認為原生家庭經濟條件會影響一個人的成功。

對年輕世代來說，現在一個台灣真的是兩個世界，擁有富爸爸的「富二代」，與沒爸可靠只能靠自己的「負二代」，對比鮮明，差距可用藍寶堅尼與機車來比擬。

藍寶堅尼是義大利生產的名跑車，每輛要價一、兩千萬台幣，這幾年「她」在台灣的知名度暴漲，原因是常出現在社會新聞中：開藍寶堅尼的車主撞上路邊護欄或撞樹！開車的除了富商，還有20多歲的年輕人，他們多是半夜從夜店狂歡出來，開名車載美眉，結果撞上護欄、電線桿或路樹；另一邊，也是20多歲的年輕人，也是半夜，為了賺學費，他們在便利商店打工剛下班，騎著破機車回家，因為太累精神不濟，也撞上了護欄或電線桿。

開藍寶堅尼的富二代，和騎破機車的負二代，都被送進了急診室。所幸，這時候至少有一點是公平的，那就是他們享用的是相同的全民健保。

富人努力工作，賺大錢給子女買藍寶堅尼撞護

欄，那是人家的本事，其他人羨慕可以，不該仇視。但如果他們的錢是炒房炒股來的，而且幾乎沒有交稅，但修護欄、電線桿及路樹的費用，以及處理交通事故的警察、到場救護的救護車以及就醫的健保支出，卻是負二代打工交稅支付的，那就令人憤怒了。

階級對立是政府造成的

台灣不但教育階級化，連所得、財富、消費都高度階級化，階級對立並不是平民百姓煽動出來的，是政府造成的！

年輕人普遍覺得前途茫茫，青年學生發動的太陽花學運，與其說是反服貿，不如說是反政府長久以來「圖利富人」的施政，依政府凡事優先考量財團利益的思維，服貿通過後，凡是「得」的產業，政府依然抽不到稅，無法將這個「得」做好分配讓全民共享；而依據以往經驗，更不用期待老闆們良心發現，自動下放利益提高員工薪資；而「失」的產業，未來必定苦哈哈，政府畫的「彌補機制」大餅不知在哪裡，ECFA 不就是這樣嗎？

英國經濟學家黛安・柯爾（Diane Coyle）在《被賣掉的未來》（*The Economics of Enough*）中指出，一

個國家不需要無止境的拚經濟，過度的經濟成長只會讓財閥更富有，有錢人之外的人民則是變窮；經濟成長也不能只拚GDP，還要拚就業率，而且拚經濟的成果要反映在薪資上，國民所得提高，人民才會有感。

她警告，技術官僚只看效率，創造的是「無感經濟」，而過於注重市場效率，將導致貧富差距、衍生社會問題，嚴重的貧富差距將造成階級隔離，傷害社會資本（台灣已經如此了），任由貧富差距一直擴大，年輕人的薪水、房子及未來都被政府賣掉了，最後則是賠上整個國家的未來。

年輕世代的困境，肇因於政府錯誤的財經施政，台灣社會出現負二代，甚至還會有負三代、負四代……；但富二代也無法長保富貴，因為財富可以儲存，但人的年齡無法冰凍，再多的財富也無法阻擋人口老化，在台灣社會快速崩壞的大勢下，有生之年，富二代也將淪為負二代！

第十三章

黑心商人，毒嚇全台

美麗寶島變貪婪之島

因為「利」大無窮，以致無德商人都願意鋌而走險，
當一個政府連最基本的讓人民「安心吃」都做不到，
人民要如何相信這個政府能做好其他事？

　　2014年秋強冠餿水油及頂新飼料油風暴接連爆
發後，網路上網友瘋傳一張照片，是一個中學生週記
上寫的生活札記：

　　我覺得能代表今年的字是「食」，因為最近的餿
水油使製造出來的食品不衛生，長期食用身體會不健
康，商人為了貪小便宜而不管消費者的安全，真是一
個沒良心的人，我以為下地獄才要吃廚餘，沒想到我
從小就開始吃了。

　　最後兩句讓人笑翻，但笑過之後浮上心頭的卻是
悲哀，什麼時候台灣從美麗寶島變成貪婪之島？台灣

又怎麼會變成這個樣子？

「利」大無窮，商人無德

　　這幾年食品安全風暴一波接一波，幾乎沒有歇止，「前事」完全沒有成為「後事」之師的功能，原因就在「利」大無窮，以致無德商人都願意鋌而走險，反正不一定會被抓到，先賺再說。

　　近年來發生的重大食安事件，我歸納為四種類型：

　　一、「毒」門生意：

　　塑化劑、毒澱粉、化工豆花等屬於這個類型。

　　2011年5月爆發的塑化劑風暴，是當時盡忠職守的衛生署食品藥物管理局（現升格為衛生福利部食品藥物管理署）技正楊明玉，檢驗益生菌是否違法摻雜藥物時，意外查出的「案外案」：昱伸及賓漢兩家公司，分別將工業用的塑化劑DEHP及DINP，加進合法的複方食品添加物「起雲劑」中。

　　昱伸與賓漢這兩家起雲劑上游供應商，為節省成本，以價廉物不美還有毒的塑化劑取代棕櫚油，加在起雲劑中。食品藥物管理局專案報告中指出，被汙染的產品包括運動飲料、果汁、果醬、果漿、果凍、

飲料、膠囊錠狀粉末型態等五大類食品高達800多項；「中鏢」的食品製造廠商，包括原料商、飲料業、保健食品業共400多家，而被汙染的產品還外銷至21個國家及地區，影響層面廣又深。

塑化劑之後，2013年又爆發毒澱粉事件，那年3月食品藥物管理局及嘉義縣調查站接獲檢舉，指有業者在澱粉製品中加入工業用黏著劑「順丁烯二酸」提升口感，食品藥物管理局於是抽查市售25件澱粉類產品及49件相關產品，結果確有其事。而大量的毒澱粉，早就不知道製作出多少粉圓、肉圓、魚丸、豆花、黑輪、米粉、粄條、粉粿、芋圓、地瓜圓等台灣庶民美食。調查結果公布後，食安再掀風暴。

二、「秘」裡調油：

問題油品為這個類型，從大統長基混油的橄欖油、強冠餿水油，到頂新油品進口飼料油混入食用油，每一種油品都有「特調秘方」。

2013年10月，食用油市占率高達四成的大統長基公司，爆出售價高的特級橄欖油是以低價的棉籽油及葵花油加「銅葉綠素」調出來的，純度只有40%；後續更查出該公司生產的54種食用油統統作假，已有七年之久，但董事長高振利死不認錯，辯稱

銅葉綠素在國外是高級健康食品。這一波不只大統長基，還查出麻油大廠富味鄉也有24項油品摻雜棉籽油。但油品風暴還沒結束，2014年中秋節前夕爆出強冠餿水油事件，全台人民過了一個餿味十足的中秋節，知名餅店退貨人潮取代搶購人潮，業者及消費者皆是輸家。

然後更大的風暴來了，頂新集團爆發從越南進口飼料用豬油，混充高級油品販賣。衛福部食藥署調查發現，頂新近四年共進口3,216噸越南油，以不同比例做成幾十種油品。此案曝光後，食品界大地震，「震央」頂新成為眾矢之的，憤怒的民眾發起「滅頂」運動，抵制頂新所有產品。

三、以假亂真：

以胖達人香精麵包及鼎王火鍋人工調味鍋底為代表。明明靠人工整型整出令人垂涎欲滴的美色，卻對外宣稱是自然美，結果被踢爆，面子裡子俱失。

2014年2月，年營業額逾10億元的知名麻辣鍋店鼎王，被員工檢舉所謂以中藥材及天然蔬果熬煮而成的湯頭，其實是用味精、大骨粉、醬油粉等多種化學粉料調製出來的，結果鼎王坦承湯底有加康寶雞湯塊「調味」。

四、豬羊變色：

2014年年底爆出肉品公司豬肉拌羊油假冒羊肉行騙全台，為「豬羊變色」這句成語做了新註解。

火鍋店的羊肉片吃起來不像羊肉，上門的顧客提出檢舉，衛生單位採集店家肉品驗DNA，果然不是羊肉，而是豬肉。進而查出新北及高雄有兩家肉品公司以組合肉冒充羊肉，組合手法一為在羊肉中摻進豬嘴邊肉及碎牛肉，另一種是低價豬肉拌羊油，業者還加入磷酸鹽、碳酸氫鈉，做為保水劑和黏著劑，再摻水增加重量。偽羊肉賣給下游廠商後，再轉賣連鎖火鍋店及冷凍羊肉攤商，然後進消費者肚子。

對人體傷害無法估算

黑心食品連環爆，沒完沒了，遭波及的業者及商品難以計數，從知名大餐廳如王品到路邊小吃攤都難以倖免，哀鴻遍野，那段時間超市及便店商店一再下架問題產品，忙得不可開交，台灣幾乎沒有人敢肯定自己半口問題食品都沒吃到，人心惶惶！

塑化劑有多可怕？行政院國民健康局的「食品中塑化劑汙染衛教手冊」指出，DEHP可經由呼吸、食入及皮膚吸收進入人體，不會引發急性中毒，但長

期高劑量暴露，將導致男胎兒及男童睪丸發育不良、男嬰生殖器到肛門的距離較短、青春期產生男性女乳症、成年男性精蟲數較少；對女童的影響是可能引發性早熟，提早在八歲前出現月經及乳房發育等第二性徵。

國健局提醒孕婦、幼童、青少年以及育齡的男女性，應特別注意避免塑化劑危害，尤其是孕婦與幼童。也就是說，塑化劑危害的是我們的下一代，對生育率急遽下降的台灣來說，新生命是多麼珍貴的資產，卻從在媽媽肚子裡就得對抗各種危害他們健康成長的因子。

毒澱粉使用的「順丁烯二酸」因為具毒性，台灣規定只能工業用，不能加在食品裡。毒澱粉事件爆發時，已逝的林口長庚醫院臨床毒物科主任林杰樑在臉書上寫道：「順丁烯二酸是工業用的黏著劑、樹脂原料油漆、殺蟲劑之穩定劑，及潤滑油之保存劑。美國食品藥物管理局明令不得添加於食品中。有毒的工業原料竟然出現在食品（食用修飾澱粉）中，簡直就是塑化劑風暴重現！」

林杰樑懷疑毒澱粉是國人腎臟病罹患率高的元凶之一，因為動物實驗顯示，經常吃到順丁烯二酸會導

致腎小管病變，無法排除體內有毒酸性物質，持續下去就可能慢性腎病變、增加終生洗腎的風險。當時被查獲的毒粉圓順丁烯二酸含量高達779ppm，黑輪含量也有496ppm，林杰樑以歐盟標準估計，體重60公斤的成人，每天吃40公克粉圓，或一支70公克的黑輪，就會超過每天攝取的最大耐受值（TDI），也就是會增加罹患腎病變的風險，更不用說體重較輕的孩童或婦女。

銅葉綠素是人工化合物，從植物中提煉葉綠素，再添加銅來抗菌，雖然是合法食用色素，但只能添加於烘焙食品、果醬、果凍、口香糖及調味乳、湯類等食品中，食用油不得使用。林口長庚醫院腎臟科主治醫師顏宗海說，大量曝露、長期累積銅葉綠素，輕者引發噁心嘔吐，嚴重可能演變成銅中毒，還可能導致肝功能受損、肝硬化，且會引發溶血反應、貧血等。

或許就像食藥署說的，每一種黑心食品的有毒物質含量都未達到立即危害生命的程度，但這麼多種毒素，微量、混合攝取的影響，雖然目前尚無任何嚴謹的研究，卻很可能是今日台灣惡性腫瘤盛行的原因之一。

頂新，黑心之最

而餿水油、飼料油由於提煉原料包括廚餘、廢棄回鍋油、皮革、豬隻下腳料等，內含的重金屬、有毒化學物質及致癌物相當複雜，可謂集各路毒素之大成，精煉也無法完全排除，衛生單位沒有驗出不代表沒有，其對人體的危害更難以衡量，醫師指出可能致癌及肝腎功能受損。因此，爆出食安問題的公司企業中，最不能原諒的是頂新，先是一年內油品出包三次，讓人質疑公司管理能力，而事情發展到最後，頂新從「受害者」變成「加害者」，做賊喊捉賊，社會譁然，頂新成為全民公敵！

頂新的「不義之財」不只來自販賣黑心油，更多來自炒房炒地炒股。

中央銀行總裁彭淮南 2014 年 10 月表示，當年頂新鮭魚返鄉，並沒有帶回任何資金，頂新的第一筆資金來自發行台灣存託憑證（TDR），共募得 170 億元，是當時台灣最大的資金募集案。

也就是頂新在台灣投資的資金全來自台灣人民，除了拿來增加味全的持股，並用 60 億買下台北 101 的 37％股權，金管會後來追查發現，頂新質押 101 股

票，取得資金匯到海外，並非全部「取之於台灣，用之於台灣」。

此外，頂新回台發展後，操作高財務槓桿，用1％的自備款買下9戶帝寶，之後陸陸續續再購進，手上總共有14戶帝寶，估計賺進41億元；頂新還以逾百億元投標新北市三重新燕開發案的土地，2011年以每坪1,405萬、總價46.2888億的破紀錄金額，標下位在台北市敦化南路二段的中華票券金融大樓。不動產業界估計，三重新燕土地開發價值上看400億元，中華票券金融大樓都更蓋豪宅，也有近百億利益，投資報酬率相當高。

彭淮南曾含蓄表示，政府希望台商回台進行實質投資、帶動經濟發展、創造就業機會及增加國民所得；很多台商回台卻是投資房地產，這不是很理想的情況。彭淮南沒有指名道姓，但明眼人一看就知道在說頂新。

頂新集團當年挾「康師傅」在大陸的風光回台時，被捧為「鮭魚返鄉」最佳範例，

結果販賣黑心食品、炒房炒地、逃漏稅，集企業之萬惡於一身，所作所為與該集團的信條「誠信、樸實、創新」悖離何只十萬八千里，難怪被媒體譏諷

「鮭魚變鯊魚」。

假油假農民，都是貪

但頂新不是第一家，也不會是最後一家失德的企業。

商人黑心的原因只有一個：貪！但為什麼有這麼多貪心的商人？風氣使然！

台灣近三十年來奉行資本主義，資本主義唯利是圖、資本家皆貪婪，政府放任財團及財閥逐利，社會長期浸泡在資本主義氛圍中，對禁不住利益誘惑的人，「貪」已成執念，經商者追求利潤最大化，只要能賺錢，無所不用其極，不做生意的人則動腦筋找門路，以旁門左道牟私利，所以台灣不但有假商品，利益薰心下還有假身分，領取老農津貼的假農民即是一例。

1995年地方縣市長選舉時民進黨喊出發放老農福利津貼，立法院旋即通過「老農福利津貼暫行條例」，既是「暫行」條例，表示是過渡時期產品，但至今已暫行二十個年頭，而且開辦後由於每逢選舉兩黨就競相喊價加碼，老農津貼發放金額一再提高，從最初的每月3000元到現在每月7000元。老農除了

老農津貼、參加農保，健保費每月只要付299元，參加農保達6個月且年滿65歲以上者，每月7,000元老農津貼準時入帳（2014年6月已修法，規定投保農保滿十五年才可領取全額老農津貼；未滿65歲且投保農保未滿十五年，每月領取半額老農津貼）；有農地但不想種田可以休耕，每分地每期稻作可領休耕補助4,500元，二期就是9,000元。

這些好康看在「有心人」眼裡，真是心癢難耐啊！而取得老農身分不難，依規定，只要擁有0.1公頃農地（約一分地，300坪大）或租賃0.2公頃農地，實際農作90天以上（誰來查耕作多久？）年銷售農產品30,600元以上（找張收據還不容易？）就可擁有農民身分。所以台灣鄉間小路旁及網路上常可看到這樣的廣告：「買農地，享農保，休耕領補助，65歲以上每月領老農津貼」，於是一堆「假農民」誕生了，台灣帳面上有145萬農民，但真農民只有54.4萬，假農民高達90多萬人，每年不但領走政府270億元老農津貼，還吃掉高額的休耕補助。

全台有20萬公頃休耕農地，休耕大戶五年可領取千萬元休耕補助。2014年農委會預算共1,240億，休耕補助就花去百億，以老農津貼為主的福利支出更

多達494億，占農委會總預算40％，真正對農畜牧業發展有益的輔導，卻只有6％、76億的預算。

假油與假農民，看似不相干，其實都反映出人心的轉變。表面上看，這都是商人無德、民眾貪婪，其實正本是在政治，政黨尚黑、馬扁成騙，政治人物多在騙選票，商人小民必然追隨，大家一起黑心。道德淪喪，美麗寶島變成貪婪之島！

市場不能凌駕道德

有「現代管理學之父」尊稱的管理學大師彼得·杜拉克（Peter Drucker）曾說，企業主追求營運績效之外，也應注意企業的社會責任，他認為企業的存在要對社會有利，社會責任也是企業的目標之一。

經濟體系中當然有好的企業及廠商，美國早年的企業家都很有基督教清教徒的精神，認真、負責、自律，規規矩矩做生意、很照顧員工，而且樂於以公益事業回饋社會。像鋼鐵大王卡內基及石油大王洛克斐勒，坐擁鉅富但樂於捐輸，卡內基晚年將自己大部分財富回饋社會，興建紐約卡內基音樂廳、賓州卡內基梅隆大學、在全美興建1,689所免費公共圖書館；洛克斐勒捐錢創辦芝加哥大學、成立洛克斐勒基金會行

善。台灣也有良心企業，如台積電基金會在高雄氣爆後默默投入災區重建，讓高雄人感激不已。

但是當企業不願或做不到承擔社會責任，政府就必須出面，這是政府的責任。

食安風暴中，前衛生福利部長邱文達感嘆人心險惡很難克服，但商業市場本來就不能假設人性本善，尤其當一個政府決定走芝加哥學派自由市場路線，賺錢至上，將更加誘發出人性貪婪的一面，如雷曼兄弟之流，就是「我要更多更多更多……」市場運作不能靠商人發揮道德良知善念，需要政府介入，建立市場秩序甚至強制企業承擔社會責任。

市場經濟與政治關係密切，政府制定政策，不能只顧市場效率及經濟效益，一定要配備「嚴刑重罰」，企業經營再怎麼樣都不能逾越「道德」這條底線，否則整個社會的價值體系都將崩潰。

「現代經濟學之父」亞當・斯密在鉅作《國富論》之前，其實還有一本著作《道德情操論》，兩本都看過，就會知道亞當・斯密反對毫無限制的追求財富，因為這樣會造成腐化，使人們喪失道德良心。他認為經濟效率與道德操守是相互強化的，商業模式需要靈光的腦袋，也需要善良的心，才能帶來幸福。

政府要硬起來

　　今日的企業，規模愈來愈大，對人民生活影響也大，從塑化劑、大統假油、餿水油到飼料油，都有GMP廠商牽涉在內。大統長基、強冠、味全都是GMP認證廠商，頂新製油前董事長魏應充還是食品GMP協會理事長，連政府認證的食用油及食品都不能吃，人民怎麼辦？廠商出狀況，政府除了撤銷認證，還做了什麼？

　　塑化劑事件發生於2011年5月，但直到2014年10月頂新飼料油風暴發生，政府才決定在行政院設立「食品安全辦公室」，中間的三年半時間，政府到哪裡去了？該做及能做的事情也不只是設一個辦公室，及呼籲全民共同抵制黑心企業吧？當一個政府連最基本的讓人民「安心吃」都做不到，人民要如何相信這個政府能做好其他事？我們的政府窮的不只財政，連公信力都破產了。

　　每次議論提振經濟，財團永遠就是一句話「鬆綁」，政府管太多、要小政府。政府的確存在冗員，但食品要不要規範管理稽查？金融要不要檢查規範，讓市場能順利運作？要不要維持公平交易，抑止聯合

壟斷？伊波拉病毒是否政府要多加防範？需要政府介入及擴充的地方不知凡幾。

　　我在衛生署長任內，多次求見面報當時的吳揆，台灣食安人員、經費與人口比，是香港十分之一不到，而且台灣食品業比香港複雜，目前人力再怎麼努力加班、提升效率，也絕對無法有效因應。雖然獲得吳揆認同，但就是沒錢，當然最後也就是沒人。

　　第三次油品風暴爆發後，《聯合報》撰寫社論提醒江內閣：「一個擁有莫大權力卻無法為民興利除弊的政府，是可恥的；請善用公權力，不要坐困愁城。」

　　政府再不硬起來，展現積極作為，台灣也要滅頂了！

第十四章

台灣沒有大老，只剩老大

經濟問題，就是政治問題

藍綠無論誰執政都一樣，換位子就換腦袋，
內鬥內耗的結果，就是台灣經濟發展受制於政治，
政治算計的苦果由全民承擔，還禍延子孫。

　　政府施政和經營企業道理相同，老祖宗告訴我
們，做生意誠信負責，才能永續經營，政黨想長久
執政，也必須誠信負責！可惜台灣有理想的政治家寥
寥無幾，政客則多如過江之鯽。而政客其實也是資本
家——政治資本家，同商業資本家一樣，唯利是圖，
而且為了利益可以無良失德。但比黑心商人更糟的
是，黑心政客翻雲覆雨，能直接影響及左右政府的施
政。

　　台灣的困境，癥結在政治，台灣的經濟問題，就
是政治問題。

民粹共和國

　　民主政治依分工，立法院監督中央政府施政，縣市議會監督地方政府施政。台灣自詡是民主國家，但毫無民主精神與內涵，各級民意機構以及行政部門，交相討好民眾。

　　台灣最常聽到的政治主張，就是一切政府出錢，從中央到地方，各種利多「族繁不及備載」，民代不斷對建設及社福開支票，拿公帑來政策買票，根本不管錢從哪裡來，反正行政部門買單就是了，老農津貼是其中的「代表作」，至今政府發放出去的老農津貼逼近6千億元。

　　增加福利，稅不能加；減低稅賦，福利又不能減，國家領導人明知錢不能這樣花，但執政優先，為了獲得選票保有政權，政府自己也推波助瀾，每增加一項建設或福利，就宣稱多少人受惠，也不談錢從哪裡來，更不會說多少人要因此「受害」，相對增加負擔。福利政策短視近利，民脂民膏就這樣浪費掉了。

　　另一方面，但凡需要合理漲價的，無論健保費、油價、電價、水價、高速公路通行費，民代們一概以「幫民眾看緊荷包」為由，不是不准漲價，就是砍

價殺價喊價，然後國庫不斷失血，國債不斷增加。但「逢漲必反」，真的是為人民著想嗎？

　　健保費用不足，立委要求政府負擔從34％提升到40％，最後妥協到36％，每年需增加支出250億元。原本大家分攤繳，收入高的多付些，收入少的負擔較輕，但由國庫出錢，變成主要納稅族群勞工及受薪階級負擔最多。

　　國道計程收費是另一個例子，「走多少付多少」公平又合理，但這項措施實施前，立法院為如何計費爭論不休。立委「捍衛用路人權益」力爭各種優惠，結果2014年1月2日國道依里程計費上路時，前20公里免費，橫向國道前兩年還暫不收費。國道高速公路局統計，每天行駛高速公路約150萬輛車流當中，長途用路人只有10％，而有65％是都會區短途用路人（平均行駛10至15公里），這些人在收費站仍存在的時代，由於未行經收費站不必繳費，有違整體付費的公平性，這個問題原本在計程收費實施後可以解決，結果前20公里免計費，讓問題又回到原點。

　　而橫向國道不收費，國道基金每年減少20億元收入，橫向不收費的理由是橫向多通往偏鄉，如果考量偏鄉整體經濟能力不如都會區，政府該做的是其實

是透過其他方式補助偏鄉、繁榮偏鄉，甚至將每年預估可收取的20億元通行費全數補助偏鄉發展，讓跑到偏鄉買農地蓋豪華農舍的好野人也付些費用，才是正途。

國道基金是興建新國道及維護舊國道的經費來源，高速公路每年需要的維護費用不會減只會增，有人少繳，相對其他人就要多繳。短程用路人不用繳，難道他們都比較窮，而長途用路人都比較富有？交通部卻連這點都說不清楚！未來若國道基金不敷所需，國道服務品質降低，只能說是用路人自食其果。

「自由自由，多少罪惡假汝之名行之」，法國大革命時，羅蘭夫人上斷頭台前留下的這句名言，在台灣可改為「民意民意，多少罪惡假汝之名行之」。政客高舉民主旗幟，假民主之名行民粹之實，成為施政最大阻力，台灣成為民粹共和國，支出只多不少、稅賦只減不增，台灣之所以財經施政「小政府」，基礎建設及社福施政「大政府」，資源分配不均，即肇因一味討好選民。當前政府的施政，不只將台灣的財政推向深谷，更是推向無底深淵。

在「民意」高漲的今日，我常常緬懷過度民主化前的台灣，有些時候，威權體制的確有助國家建設及

發展。李登輝讓台灣高度民主化，但也讓台灣發展止步不前，十大建設如果在今天推動，半個都建不起來，光土地徵收的抗爭及高額的徵收費用，政府就焦頭爛額，做不下去了。

前台大校長也是知名經濟學者孫震，曾在媒體訪問時指出，李登輝就任總統後民粹當道，馬英九執政期間愈演愈烈，老百姓一反對，政府政策就轉向，已經沒有企業相信政府的承諾，也已經沒有人敢做長期投資。近二十年來，政府未再提出有遠見的產業政策，帶領台灣經濟成長。

選舉成為媚民大舞台

每逢選舉，就是民粹精神發揮得淋漓盡致的時候。候選人的政見天花亂墜、天馬行空，對選區內各個族群，各個行業，盡其所好，要五毛給一塊，利多大放送。以甫在2014年年底落幕的九合一選舉來說，選舉支票滿天飛之外，支票還比大張、福利不斷加碼。但候選人開支票時，並沒有提出財務計畫，負責任的告訴選民錢從哪裡來，是加稅、增加公債，還是減少哪一項支出來支應。凡是沒提出合理財務計畫的，都是無恥的騙子。

2014年11月，《商業周刊》在九合一選舉投票前調查採訪，做了「縣市長候選人378億錢坑政見」專題，指出「以這次選舉四大熱門政見：營養午餐、老人假牙、敬老津貼、幼兒補助，各縣市候選人喊出的不排富（不設門檻一律受惠）政見來看，保守估算要花掉378億元。這等於全台2,300萬人，每人每年貢獻1,600元讓政客去開支票！」

候選人的福利支票主攻老人與小孩，這是台灣弔詭之處，平日人民感受不到政府有多照顧老人，也感受不到政府有多愛護國家下一代，但到了選舉，老人及兒童就成了寶，討好老人直接有選票，討好小孩，則是間接爭取家長的選票。

但照顧老小，不是發錢就夠了，需要的是有規劃、有制度的長期性措施。《商業周刊》指出，這四大現金政見，若以排富來執行，一年約只需要47億元，是不排富378億的八分之一。若不排富，每年得多花約330億元，而這330億元，可以在全台灣普設托老、幼托中心，增加不少公立托兒所及幼兒園的名額；可以訓練更多照顧員服務老人，更可以增加獨居老人送餐服務，讓更多有需要的老幼獲得更完善的照顧。

偏偏台灣的選民喜歡錢直接進自己的口袋，很

容易被各種福利支票「收買」，即使候選人當選後跳票，但不少選民是善忘的，下一次選舉，依然會把票投給大開利多支票的候選人。但兌現支票，後遺症更嚴重，新竹縣是全台最早（1994年起）發放敬老津貼的縣市，由於不排富，發了十五年後，縣庫從有盈餘變成負債400多億元，當時新上任的縣長邱鏡淳趕緊懸崖勒馬，訂定排富條款，為縣庫止血。

但亂花錢的縣市長還是大有人在，公民團體「三九三公民平台」2014年5月公布「地方政府財政昏迷指數」，指縣市政府總負債餘額過去十年攀升逾3,000億，主要原因是地方首長濫開選舉支票，其中苗、彰、投、雲、屏、澎、花與基隆市，財政狀況已達重度昏迷程度，若非中央補助，早該步上美國底特律市破產的後塵。

台灣中央窮，地方也窮，各縣市的自籌財源遠少於經常性支出，明知中央自身難保，縣市長仍不時向中央哭窮要錢，要求擴大舉債空間。錢要得多、舉債多，建設就多，政績就好，選票就來，但若要首長們以增加地方稅的方式籌錢，那是政治自殺，只有兩個字：免談！

縣市議會也未善盡監督把關之責，「三九三公民

平台」發現，2013年有六個縣市政府的預算，議會一元未刪，苗栗縣更連續二十年預算未刪，對歷任首長浪費公帑行為，縣市議會從未追究。

立法院是台灣政治最大亂源

但台灣最失職的民意機關，是「老大哥」立法院。藍綠對立，無論經濟還是民生議題，立委諸公統統是政治思維，從立法、預算審查、監督政府施政，都用政治考量。立委已是我們國家沉淪的最重要因素，也是台灣政治最大亂源。

立委是否盡職攸關國家發展，立法院不是沒有認真問政的立委，但太少，絕大多數立委「不務正業」，不關切國計民生、不鑽研法案，心力只用在做媒體的跟屁蟲批評政府施政、跑紅白帖子固樁，開會時不是怒罵及羞辱政府官員，就是打架、占領主席台，彷彿這樣就盡到為民喉舌的責任。

政府官員到立法院備質，常常被立委言語羞辱、人身攻擊，罵得跟龜孫子一樣，連起碼的尊嚴都沒有，官不聊生。我認為應訂定「辱罵官員罪」，民代羞辱官員不應享有言論免責權，當政務官在立法院能抬頭挺胸，將會更勇於任事。

立委諸公搞得官不聊生，影響所及，有能力的人大都不願意進政府做事。前衛福部部長邱文達因食安風暴去職時，政府高層請我推薦人選，我推薦了幾位我覺得適合的人選，行政院也分別徵詢其意願，但這幾位人選都不願入閣。

　　這是台灣當前一個很大問題：當一個國家Ａ咖、Ｂ咖都不願加入行政團隊，只剩下Ｃ咖、Ｄ咖進政府，這個國家還有希望嗎？（我要強調的是惡質的政治生態造成愈來愈多「能人」不願擔任政務官，並不是說現在進政府的都是中小咖，請大家不要劃錯重點。）

　　立委應該減少質詢、多審法案，以往通過的像樣點的法令，都是民眾自己辛苦奔走，甚至上街頭抗爭才奮鬥來的，例如柯媽媽推動汽車強制險長達八年，遭逢多少「利」委阻擋，柯媽媽始終不放棄，奮戰到底；其他遠的如菸害防治、近的如軍人非戰時不受軍法審判，哪一件是立委體察社會需求推動立法？

　　許多重大民生法案都在立委手裡睡大覺，例如身心失能老人愈來愈多，老人殺老人的悲劇也一再發生，但長期照護相關法規卻一直躺在立法院。又如中央政府機關及民間企業雇用派遣人員愈來愈多，工作

分配正義
救台灣

項目比照正職人員，但正式職缺、升遷機會、員工福利等保障樣樣缺。而比照日本訂定提升派遣人員保障的法令，在立法院一躺多個會期，年輕人畢業八年、十年，都成為中年人了，還在擔任毫無保障及尊嚴的派遣工，如何敢結婚及養育下一代？

仔細想想，立委主動提案通過的法案，也不是沒有，那就是不斷對富人財團降稅，增加民粹支出、掏空國庫、增加國債。

預算自己編列自己審

公民監督國會聯盟2014年11月召開記者會表示，依立法院網站的資料，目前躺在立法院各委員會的待審議案多達4,738筆，其中法律案有2,372筆，預算案也有351筆；另預算法規定，立法院應於每年11月30日前通過下年度預算，但那時立法院仍未通過102及103年度的國營事業預算，遑論104年度的國營事業及中央政府預算，未審預算總額超過18兆元。

公督盟另根據立法院議事錄，統計2014年11月前立委的出席率及質詢率，發現有八位立委半次質詢都沒有提出，投入縣市長選舉的九位立委質詢率也只有4％。而為了輔選九合一選舉，立委們決議選前休

會一星期拚選舉去，嚴重怠職。

　　公督盟指出，依照立法院預算書顯示，不包含各式各樣的補助及助理薪資，立委每月薪資至少有19萬元，以月休八日來算，平均日薪將近9,000元，只要兩天就能賺到最低工資的薪水，全體112位立委休會五天，就等於有五百多萬元丟到水裡。

　　立法委員不只薪資高，還享有部長級待遇，但完全缺乏監督，又可以公費聘用助理多人。查看一下立委的助理名單，有兒子女兒、老公老婆、兄弟姊妹，甚至有小三，真是一人當選，雞犬升天。本薪之外，各種津貼琳瑯滿目，反正預算自己編列、自己審查、自己通過，誰也莫可奈何。

　　立委的無行罄竹難書，十萬字也不夠。曾有民調顯示，人民對立委的滿意度只剩6％，比馬英九總統還低，國際評比也曾將台灣立法院列為全球三個最差國會之一。我曾經為文批評「十個立委八個混蛋」，後來不只一次在路上遇到不相識的民眾對我說：「你太客氣了，應該是十個立委九個混蛋！」

　　對解決多數混蛋立委，我有個異想天開的想法：不分區立委維持政黨投票，各黨提出政見及傑出人士為立委；區域立委選舉則廢除，各選區由具國中畢業

以上學歷、無犯罪紀錄的公民自行登記，抽籤擔任立委。這是著眼於現在立委碩博士一堆，但問政表現跟高學歷一點也不相符，不如要求立委有基本學歷即可，或許還會認真學習及問政！此外還可省下辦理選舉的鉅額經費，也可去除今日立委父死子繼、兄終弟及、夫唱婦隨的惡劣地方家族政治。

專扯政府後腿的在野黨

有不爭氣的國會，還有專扯政府後腿的在野黨。在野黨的功能為監督政府施政、制衡執政黨，但哪個政黨不想執政？誰都不甘長期在野，於是政黨利益大於國家利益，在野黨所思所為所算計皆是如何再執政，攫取更多政治權力。扁政府時期，藍營逢扁必反；現在馬政府時代，綠營也是逢馬必反，把全部心力放在牽制國民黨，不斷刁難馬團隊，因為國民黨做得愈爛，民進黨愈有機會重新執政。

現在的民進黨已經喪失成立時的理想性格，歷次選舉騙取選票累積的功力，讓民進黨身上器官嘴巴特別發達，全身上下只見一張大嘴，大嘴功用之一即是騙選票。操弄民粹已成為民進黨的「中心思想」，心中沒有人民、只有選票，民意代表問政民粹、地方首

長施政民粹，台灣社會的崩壞衰敗，民進黨「功不可沒」。大嘴功用之二是專唱反調，逢中必反、逢馬必反、逢執政黨提出的政策必反……，什麼都反對，什麼都否決，但又提不出建議性意見，像快破產的勞退基金怎麼辦、改成四不像的教改怎麼走下去等等，民進黨怕得罪選民，統統不敢有主張。

大嘴功用之三是為自己的多重標準沒有原則狡辯。核四及國光石化都是嚴肅重大的議題，應該審慎討論，不能執政時就贊成，在野時就反對。核四今日「封存」的窘境其實是民進黨造成的，在野時反核四，核四停工；阿扁執政時通過追加預算核四復工；阿扁下台民進黨又在野後，再度高舉反核四大旗。如果民進黨對核四的態度「一以貫之」、反對到底，則政府有十二年時間規劃新的能源政策，結果停工、丟錢復工又停工，造成國家多大損失！

國光石化是民進黨執政時，蘇貞昌及蔡英文分別擔任閣揆及副閣揆時推動的「大投資、大溫暖」重大投資案，結果政權輪替後，因民意反國光石化，蘇、蔡兩人立場丕變，還簽署了反國光石化的承諾書。

再如2014年7月立法院行使第五屆監察委員同意權，民進黨主席蔡英文要求國民黨不得亮票及監

票，否則就是違反民主精神，為達目的民進黨立委還占據主席台杯葛議事。但九合一選舉後的地方縣市議會議長選舉，為了搶龍頭寶座，蔡英文的標準變了，投票前為求票票入匭，她下令全國民進黨黨籍議員必須亮票，沒有亮票及跑票的，給予黨紀最嚴厲處分！選舉結果，由於黨籍議員跑票，民進黨未能拿下台南市議長寶座，蔡英文於是提議修改地方制度法，將正副議長選舉改為「記名投票」，以「落實政黨紀律責任」。

這會兒，民進黨平時用來抨擊國民黨的民主精神在哪裡？民進黨的黨紀才能用來殺雞儆猴，其他黨的黨紀只能聊備一格？一個採雙重標準、「嚴以律人、寬以待己」的政黨，人民可以信賴嗎？

民進黨毫無原則及誠信，種種「今天的我否定昨日的我」的言行，說明民進黨如果再執政，也必定「明日的我否定今日的我」。媒體批評蔡英文是「空心菜」實在對她太客氣仁慈了，她根本就是「政治利益精算師」。而民進黨這張大嘴，正一口一口吃掉台灣的發展建設及公平正義。

政黨輪替，只是豺狼換虎豹

馬政府執政七年，人民從寄予厚望到大失所失望，前總統李登輝2014年7月接受「BBC中文網」專訪時表示，希望2016年總統選舉時能政黨輪替，「可能比較好一點」。

會好嗎？我告訴大家，絕對不會！從蔣經國選擇交棒給李登輝後，台灣所謂的民主化，所謂的兩黨政治、政黨輪替，統統是劣質品！

台灣民主化之後的自由民主，從1988年當時的民進黨立委朱高正跳上主席台與高齡78歲的代理主席劉闊才發生肢體拉扯、躍上國際媒體後，就成為笑譚。超過四分之一個世紀的時間，也沒能讓台灣的民主有進步，從立法院到縣市議會仍然亂象不斷。2014年九合一選後各縣市議長選舉還繪聲繪影傳出國民黨買票、民進黨賣票，有人笑說：「人民投票教訓國民黨，民進黨投票教訓人民。」有人感嘆：「我們選民進黨的人當議員，民進黨議員卻選國民黨的人當議長，情何以堪！」

而台灣民主化之後的政黨輪替，一次比一次糟，從國民黨李登輝到民進黨扁政府，再回到國民黨馬政

府，國家有更強嗎？社會有更富足嗎？人民生活有更好嗎？統統都沒有！

1994 年，時任總統的李登輝與訪台的日本作家司馬遼太郎對談時，表示台灣人擁有超過四百年的歷史，卻沒有自己的政府，也沒有自己的國家，甚至無法為自己的國家努力奉獻，是很悲哀的事情，「台灣人的悲哀」成為李登輝名言。

但赤裸裸的事實告訴我們，所謂的民主化，只是奪權工具，台灣的民主化，其實是資本家治國；台灣的政黨輪替，只是從豺狼換成虎豹，兩黨心中只有選票與政權，沒有國家與人民。這才是真正的台灣人的悲哀！

社會大眾真的不要期待政黨輪替後，明天會更好，因為即使政黨輪替，依民進黨的多面性格及選擇性民主，台灣社會絕對、絕對、絕對持續墮落，人民的日子絕對、絕對、絕對不會更好！

我常感慨台灣政壇「大老已遠，只剩老大」。

何謂大老？或眼光遠大、前瞻引領國家發展、造福眾生；或創造發明、開發產業、雇用眾多員工，讓廣大受雇者得以安身立命。前者李國鼎、孫運璿，後者王永慶均屬之。何謂老大？小焉者收收保護費、包

娼包賭、魚肉鄉民；大者政商勾結、炒股炒房、惡性倒閉，以詐欺手段將社會大眾的錢掏到自己口袋，非但沒有創造社會價值，反而重傷國家。

馬英九與唐三藏

政治人物沒擔當，台灣經濟只會繼續沉淪。當前國家領導人馬英九的軟弱跟唐三藏很像，但又欠缺唐三藏擘劃未來的能力以及堅定向前行的勇氣，也沒有唐三藏的識人之明。

《西遊記》是中國四大古典小說之一，從現代眼光解讀，也是一部絕佳的管理學教材。在唐三藏、孫悟空、豬八戒、沙悟淨、白馬組成的取經團隊中，唐三藏是最無能卻又最關鍵的角色，「無能」是說他肩不能挑、手不能提，一點法術都不會，每次遇到妖魔鬼怪，只會發抖念經、坐以待斃；對付不了妖怪也罷了，更糟的是還常受妖怪蒙騙煽惑，回過頭對付自己手下第一員大將孫悟空，氣得孫悟空幾次翻臉棄他而去，這個師父看起來就像個大包袱。

但是少了唐三藏，這個團隊立刻失去存在的根本意義。他提出的願景目標，是這個團隊的一致信念與前進方向，也是成就團隊的基礎。在唐三藏取經大願

的整合之下，七十二變的孫悟空、搞笑的豬八戒、任勞任怨的沙悟淨、苦幹實幹的白馬，從胡搞瞎鬧的妖怪變成牢不可分的團隊，最終修成正果，唐三藏這個領導者的角色，扮演得確實十分成功。

馬英九總統真的應該好好向唐三藏學習，做為領導者，本身能力的強弱不是關鍵，最重要的就是做好兩件事：第一，訂下願景目標，不管要去東南西北哪一方，明確告訴及說服大家方向何在，然後堅定的往前走；第二，找到孫悟空，以及控制老孫的緊箍咒。這兩件事能做好，其餘都不是大問題。

最怕的是領導者自己都對前進方向茫茫然，提不出願景及施政方向，於是搶著做孫悟空，但能力不足，孫悟空做不成，反成了裡外不是人的豬八戒，更不要說團隊中缺乏孫悟空，戰鬥力大減。

執政團隊不穩定，不利政策推展，但馬政府不斷在損耗人才，《聯合報》指出，扁政府八年用了113位政務官，平均每位任期兩年上下；而馬政府六年半已經任用90多位政務首長，每個首長平均任期與扁政府相去不遠。以最攸關國家未來發展的財經部會首長來看，扁政府各用過6名經濟部、6名財政部長，經建會主委4人，耗損率極大；馬政府則在經濟、財

政兩部各用過4位部長，經建會主委到改制後的國家發展委員會，則已用了5個人。馬總統卸任前，這三個部會只要各再調動一回，就平了扁政府紀錄。

執政人才耗損嚴重

一個能承擔大任的政務官，必然在他的專業領域有相當的歷練及表現，入閣後卻被快速損耗。撇開個人因素，施政環境惡劣是主因，民粹氛圍讓政務官做事綁手綁腳，無能為力，在立法院及媒體面前又毫無尊嚴，長官再不力挺，誰願意苦撐？

馬政府任內，勇於提出主張並為政策辯護者不是掛冠求去，就是不容於當道，如前勞委會主委王如玄、前財政部長劉憶如及前經濟部長張家祝等，結果就是整個團隊像無頭蒼蠅原地打轉，又被妖怪打得七零八落。馬英九總統雖尚未蓋棺（卸任），但他的施政成績卻已經可以論定。

沒有不能倒的企業，同理，也沒有不能倒的政府。政黨輪替本是民主政治的常態，無奈嘗過執政的甜頭，藍綠皆不願放手，為了執政，機關算盡。藍綠根本是一丘之貉，無論誰執政都一樣民粹，而且一樣「執政的我否定在野的我；在野的我又否定執政的

我」，換位子就換腦袋，內鬥內耗的結果，就是台灣經濟發展受制於政治，被政治牢牢捆綁住，動彈不得。

前海基會董事長江丙坤在「2013李國鼎論壇」中表示，「2000年台灣政黨輪替後，大家都在惡鬥，現在面臨經濟成長率保2的關卡。但大陸這幾年到處都在拚經濟，22年來GDP成長了21倍」。十年前，台灣的GDP是對岸的一半，2013年台灣GDP為4847億美金，對岸則為9萬2300多億美金，我們只是人家的二十分之一。

比較台灣近三任總統跟中共近三任領導人，各自將國家帶往何處，答案很明顯，台灣愈來愈弱，大陸愈來愈強，海峽兩邊的發展差了多少？差距愈拉愈大不能把責任推給國際環境，如果是國際環境，其他國家怎麼沒有像台灣這樣？

對岸的《海峽導報》曾經撰文分析台灣何以面臨經濟困境，中國社會科學院台灣研究所研究員王建民認為，台灣經濟面臨的是長期累積形成的結構性困境，「民主化陷阱是造成經濟困境的根本原因」，台灣民主化之後，民粹意識高漲，執政者一味迎合民意，屈就反對黨，不敢有所擔當，以致經濟低迷、失業率攀高、薪資凍漲、房價過熱、產業外移、被邊緣

化等問題。

王建民指台灣民主化陷阱有三：一是「只要環保，不要產業」（我認為應兩者兼顧）；二是「只要福利，不要交稅」；三是「只要政治，不要經濟」，導致政府財政捉襟見肘、重大經濟決策與改革都要接受民意的考驗，並受到在野黨的強力制衡甚至抵制，這三個因素讓台灣經濟已經很難振起與騰飛。

對岸民主人士原本寄望台灣的民主化能「感化」中國大陸，但我接觸過不少中國大陸學者專家都覺得台灣的民主化是「壞示範」，讓大陸民主人士很挫折。

民進黨老說國民黨賣台、是中共同路人，但民進黨一再削弱台灣的競爭力，「讓利」對岸，是不是另一種形式的賣台？民進黨何嘗不是中共同路人！說起來，藍綠兩黨都是中共中央總書記習近平的左右手，貢獻良多，因為這兩個黨聯手把台灣弱化了，都在加速對岸的統一大業。

可悲又可憐的台灣！民粹當道，事理難明；民粹治國，人民沒盼頭。政客謀取政治利益，政治算計的苦果則由全民承擔，還禍延子孫。拜託藍綠兩黨不要再聲嘶力竭高喊「政權保衛戰」了，台灣要打的不是

個別政黨的政權保衛戰，而是台灣保衛戰。政府領導
人及高階文官，請拿出肩膀，擔負起你們應該擔當的
責任，成為「苦民所苦」的悲憫政府！

第四部

讓我們一起
追求幸福國度

濃厚的烏雲覆蓋整個台灣上空，陽光難以穿透，台灣如何可見曙光？

　　首要之務，政府修正與民心背道而馳的施政路線，向幸福的北歐諸國看齊，施行「生產採市場經濟、分配採社會主義」的混合型經濟，同時推動公平的稅制改革，落實分配正義，台灣方能振衰起敝，把人照顧好，經濟自然好，社會民心安定，國家自然強起來！

　　要達到目標，除了需要政府脫胎換骨，還需要人民革心滌故、改變思維。台灣必須展開新公民運動，除掉「黑心政客」、「腦殘媒體」及「民粹心態」這三大危害社會的禍患。當台灣回復堅強的經濟實力、社會成為具備思辨能力的公民社會，台灣再度成為發光體，熱力輻射，籠罩台灣的烏雲自然散去。而當我們在現實的國際社會拿回話語權，也就有擁有維護台灣自主權的利器，屆時何懼對岸！

　　全國上下齊心，我們一起追求幸福國度！

北歐模範生

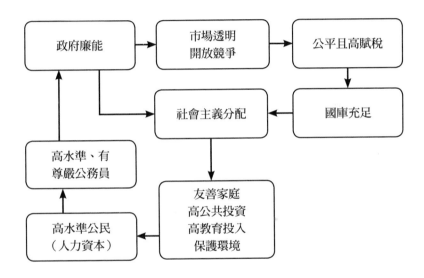

第十五章

把人民照顧好，經濟自然好

採取「混和型經濟」是解藥

所得合理分配是艱鉅的工程，卻是政府不可逃避的責任。

採用「混和型經濟」，生產讓市場自由競爭，分配用社會主義力求平均，才能讓民眾許願，下輩子再當台灣人。

1970年代，台灣經濟成長快速、國民所得在亞洲名列前茅，且所得分配平均、貧富差距小，是名符其實的均富社會，被國際譽為「台灣奇蹟」。但自1980年代後期，近三任總統的錯誤，導致台灣每況愈下，原本朝氣蓬勃，而後迅速衰敗，經濟成長在亞洲四小龍敬陪末座，所得不均程度逐漸擴大，締造了另類「台灣奇蹟」。

貧富差距愈拉愈大，甚至階級固化「貧富世襲」，是台灣社會的不定時炸彈，當人們的被剝奪感愈來愈深，隨時可能引爆炸彈。拆除炸彈的方法無他，唯有政府修正調整施政路線，落實分配正義。

南韓拚經濟的苦果

我在寫《台灣大崩壞》時即強調，拚經濟只是手段，不是目的。拚經濟的目的是為了讓人民享用經濟成長的果實，過更好的生活。但中間有一個關鍵，經濟成長不保證所得平均分配，把餅做大後如何分配才是重點，一味拚經濟而忽略分配，對社會的影響是負面的，來看看南韓拚經濟拚出什麼後遺症。

南韓學者指出，南韓社會在全力發展經濟時選擇「犧牲家庭」，過去民眾養兒育女，子女長大後奉養父母天經地義，但隨著年輕世代移居城市，過去十五年來，認為應該奉養父母的南韓年輕人比例，已從90％降至37％；在南韓鄉下地方，也只有20％的老人與子女同住。首爾市中心隨時可見生活窘迫的老人以拾荒維生，在慈善機構排隊領免費食物的也全是老人。家庭功能式微，政府對銀髮族的照顧也不足，只有三分之一的銀髮族得以領取退休年金。

更糟的是南韓老人的反社會行為，近年來南韓發生多起老人縱火案，凶嫌多是中老年邊緣人，因為不滿政府，或對古蹟縱火，或對地鐵投擲點燃的汽油桶，或在地鐵車廂縱火意圖自殺……。

據《朝鮮日報》報導，南韓老人犯罪增加的速度，已經超過老年人口成長的速度，這一代老人年輕時奉獻青春為南韓創造經濟奇蹟，如今半數身陷貧窮，南韓65歲以上人口的自殺率高居世界第一。《經濟學人》週刊曾以「貧窮靈魂」為題報導南韓老人的高自殺率，2011年南韓自殺的銀髮族超過4000人，幾乎是當年OECD所有富裕國家平均自殺率的3倍，也是南韓1990年代銀髮自殺率的5倍。相較於台灣，南韓的「老人悲歌」顯然更悲愴，政府如果不正視分配正義的問題，今日南韓，明日台灣。

所得合理分配是艱鉅的工程，卻是政府不可逃避的責任。淡大經濟系副教授林金源寫過一段話：

在經濟快成長時期，即便所得不均度稍有提高，底層民眾仍可分享部分成長果實，社會和諧仍可維持。但是經濟成長如果趨緩，所得分配的惡化就會成為壓垮社會和諧的稻草。全球金融海嘯以來，台灣經歷了前所未有的蕭條與衰退。近來雖然經濟復甦的跡象頻傳，但此復甦如屬於「創造產值，不創造就業」的復甦，那麼貧窮民眾的苦難仍舊不減，貧富差距將更擴大，政府有關部門實不可輕忽此一問題。

只是政府一直輕忽，《天下》雜誌 2014 年 6 月公布的民調顯示，近七成民眾認為努力賺錢，也難有翻身的一天。人民悲觀，是因為政府沒有給人民希望，光稅制這一項，政府就讓老百姓感覺「財政部是富人的財政部」，兩岸服貿協議只是為壯大財團而與庶民無關。政府被認為只服務少數財團，為民服務有階級之分，更促進財富分配不均。

政府不在大小，而要務實

資本帝國主義幾乎要毀了台灣，台灣如果要走回「均富」的道路，必須修正全然的資本主義路線、翻轉經濟政策。

前面說過，在經濟學理上經濟發展有兩派，芝加哥學派的「小政府」，認為政府管愈少愈好，干預太多將影響發展效率，也就是市場經濟；以及凱因斯學派的「大政府」，認為政府介入干預，才能帶動經濟成長，是為計畫經濟。其實沒有一種制度完美無缺，政府應視情況妥善運用，為人民謀取最大利益。

《天下》雜誌第 200 期〈瓦礫堆中創造繁榮，尹仲容〉，敘述戰後尹仲容如何扭轉台灣經濟劣勢，奠定日後經濟起飛的基礎，文中指出：

尹仲容在民國40年代初期，以低利融資協助民間企業獲得資金，營運生產。但是當民國40年代末經濟發展儼然成型時，他也看到當時外匯管制會造成經濟發展的限制，因此開始排除萬難，有計劃地解除外匯管制，替未來的經濟發展鋪路。

　　能針對時局隨機應變，提出最適合當時環境發展的對策，是尹仲容最大的特點。

　　他曾經這樣說：「過去有人批評我是極端的管制主義者，後來又有人說我改變了觀點，是自由經濟的擁護者。其實我的基本觀點不過是，如何在現實環境中，切實有效的解決問題。目的在為國家謀求最大的經濟利益，絕不拘泥於某一個學說。」因為他認為，實際問題千變萬化，絕不是引用某一個學說、守住某一個主張，一成不變所能應付的。

　　好一句「如何在現實環境中，切實有效的解決問題」。尹仲容的觀點及作法，明確點出政府應因地因時制宜，採取務實主義。我認為，依台灣現狀，結合市場力量與政府行動的「混合型經濟」，才能同時達成效率、公平與永續。

生產採市場，分配採社會

美國現在被新自由主義搞得國力衰退、社會一團亂，但從二次大戰後到1970年代，美國政府即是靠「混合型經濟」走出經濟困頓，這個路線的代表人物首推保羅·薩繆森（Paul A.Samuelson）。

薩繆森是美國第一位獲得諾貝爾獎的經濟學家，他不是純理論派，在60年代，薩繆森擔任甘迺迪總統與詹森總統的經濟顧問，參與政府經濟政策的制定，締造美國經濟榮景。

曾兩度獲選為《時代》全球百大影響力人物的美國經濟學者傑佛瑞·薩克斯（Jeffrey D. Sachs），在他所著的《文明的代價》（*The Price of Civilization*）中指出，薩繆森一方面主張利用市場力量分配大多數財貨，另一方面呼籲政府肩負三項重要任務：藉由所得重分配保護貧窮弱勢、供給公共財（如基礎建設、環境保護、教育和科學研究等）、穩定總體經濟。

但1980年代雷根執政後，美國經濟政策大轉彎，雷根降低高所得者的稅率、刪減政府的民用支出、對金融市場大鬆綁，結果不但造成美國競爭力節節敗退，還帶來金權政治、財富集中、社會貧窮化等諸多

問題。

　　薩克斯認為，維持市場的公平與永續，以及社會的所得重新分配，是政府的責任，而北歐社會主義民主國家，因長期奉行「混合型經濟」，可說是兼顧了經濟成長及分配公平的模範生。

　　市場經濟追求效率，但效率與所得公平分配是兩回事。資本主義下，強者勝出，弱者生存空間被壓縮，把生產與分配同時交給市場決定，結果就是強者愈強、弱者愈弱！馬克思正確診斷出資本主義市場經濟的病因，他是優秀的病理學家，但並不是個好醫師，因為他開出的「從生產到分配完全採社會主義」，也是錯誤的解方。

　　正確解方是採行「混合型經濟」，具體作法就是生產採行市場經濟，開放競爭，但透過政府施政，用社會主義公平分配，確保每個國民都吃得到經濟成長的果實。北歐四國就是這種模式。

向北歐模範生學習

　　《經濟學人》2013年曾以「北歐國家，下一個超級名模」（The Nordic countries, The next supermodel）為題製作封面故事，介紹北歐國家「寧靜革命」成績

斐然，值得各國借鏡與學習。

　　北歐四國瑞典、丹麥、挪威及芬蘭，長久以來一直是全球令人艷羨的福利國家，但1970至1990年間，高福利及高稅率拖慢了國家發展的腳步，國家變窮了，如瑞典從1970年時的世界第四大富裕國家下滑至第14名。1990年代中期起，北歐國家展開政府改革、經濟改革和福利改革三位一體的改革。

　　以政府改革為起點，各國致力平衡收支，檢視社福政策，養老金制度等的改革，撙節了支出，大幅降低政府赤字，現在瑞典政府預算赤字只占國家GDP的0.3％，美國則高達7％。

　　稅改是另一個重點，瑞典政府的公共支出在1993年時占GDP比率高達67％，現已降至49％（但在全球還是比率很高的國家），從1983年以來，瑞典最高級距稅率已減少27個百分點，降為57％，此外財產稅、遺產稅及贈與稅也都調降，企業的稅率則由26.3％減為22％，比美國還低。這就是務實主義，稅太高要調降，稅太低要提升。台灣稅收只占GDP的12％，企業界還口口聲聲降稅，是為荒唐，一方面政府一窮二白不能執行起碼的功能，也讓沒有競爭力的產業苟延，反不利經濟發展。

面對全球化的挑戰，北歐國家力行自由貿易，調整就業政策，培育具備國際競爭力的人才，提升產業競爭力。北歐的市場自由競爭不是說說而已，瑞典知名的SAAB汽車破產時政府沒有插手，芬蘭則大力鼓勵創意和創業（知名的手機遊戲「憤怒鳥」就是芬蘭的產品）；公共服務北歐國家適度開放民營，瑞典推行教育券制度，鼓勵民間興學，醫療及老人照護開放私人公司競爭，丹麥和挪威也開放民間企業經營醫院。

銳意改革讓北歐各國經濟表現亮眼，瑞典1993年至2010年平均GDP年成長率為2.7%，生產力提升2.1%，歐盟15國則只有1%到1.9%。

但北歐國家努力拚經濟，目的並不是「轉型」為資本主義國家，拚經濟之餘，也竭力降低資本主義帶來的負面衝擊。丹麥的「彈性保障」制度簡化了企業裁員的程序，但提供失業者津貼及培訓，協助他們再就業；芬蘭2004年通過社會企業法案，促進失業者及身心障礙者就業，也增加社會的創業數量。

當開放市場造成企業倒閉時，企業主不會冷血的只給錢了事，而是竭盡所能協助員工轉業。芬蘭手機大廠Nokia被微軟收購必須大裁員時，2011年起對

員工展開為期三年的「轉職銜接計畫」，提供教育訓練協助員工重新就業，若員工計畫創業則協助員工創業。提供離職員工道德上的最大照顧，而不是只達到法律上的最低標準，這就是北歐精神。

《經濟學人》指出，北歐四國沒有揚棄福利國家的傲人傳統，修正大政府路線並不是縮減國家管理在市場機制中的角色，而是擴大市場機制在國家管理中的角色；講求財政責任，而不是擴大投資。新北歐模式仍然以「人」為出發點，而非國家，各國認為政府存在的價值是照顧好「每一個」國民，而國家有財力才有能力延續福利國家的體制，因此必須開源，否則負擔不起。

「寧靜革命」後的北歐四國，經濟競爭力、社會福利與國民幸福感，皆名列前茅，最重要的是兼顧了效率與公平，沒有像南歐「豬」國因國債經濟陷入困局，也沒有美國極端的貧富差距；而政府展現的高效率，讓人民對政府的信任度高達50％至60％。與同樣以高稅率出名的美國加州相比，瑞典人樂於繳納高額稅金給政府，因為他們知道政府將回報人民更好的教育資源及醫療照護。

北歐模式當然不是十全十美，像高福利不免養出

懶國民，但整體來說，北歐模式足以成為典範，中國大陸已開始研究挪威。《經濟學人》這篇報導打趣的說，如果下輩子投胎還是人，當北歐人吧！

何時我們能驕傲的說：「投胎當台灣人吧」？

醫療能，經濟也能

其實台灣也有「生產市場經濟、分配社會主義」的成功例子，就是全民健保！台灣民間醫療產業競爭激烈，但全民健保的實施，確保醫療資源平均分配，讓台灣沒有「醫療窮人」；再往前推，政府早年普及公共衛生，提供人民基礎健康照護，說起來，醫療衛生這一塊，台灣其實一直以福利國家的方式照顧人民。

政府遷台後做得很正確的一件事，就是普及公共衛生，這是台灣與其他開發中國家在衛生醫療發展大異其趣之處。台灣光復初期衛生環境極差，各種傳染病盛行，但因戰爭結束未久，民生凋敝，能夠分配給公共衛生的資源十分有限，政府於是採行「廣覆蓋、低水平」的策略，也就是提供全民基本的公共衛生照護，而不追求高端醫學技術與設備。

當時台灣省衛生處（衛生署1971年才成立）的

預算幾乎都用在推動公共衛生，以讓全民獲得基本的健康照護為優先，而將增擴建醫院及引進高端醫療設備為次要；一直到1975年台灣經濟起飛後，才由財團法人率先興設大型醫院如長庚醫院、引進高端醫療設備；之後政府財政逐漸充裕，普設群體醫療執業中心，消除無醫鄉、規劃執行醫療網計畫、改革省市醫院營運，奠定全民健保實施基礎。

台灣如果一開始就把有限的錢拿去設醫學中心、引進核磁共振攝影（MRI），台灣就會像現在的印尼一樣，醫療分階級，富人才生得起病。印尼政府為權貴蓋大醫院、買最先進的醫療設備，但忽視一般人民的初級醫療照護。雅加達有媲美台大醫院的醫學中心，但就在三、五公里外，為數眾多的中下階層孕產婦及孩童，連基本的公共衛生照顧都沒有，所以印尼的母、嬰死亡率相當高（2013年印尼嬰兒死亡率千分之26，台灣為5.1；母親死亡率為十萬分之190，台灣5，印尼是台灣的38倍）。

台灣先以普及公共衛生保障人民基本健康，再以實施全民健保保障就醫公平性，政府展現擔當，公平分配公共衛生與醫療的資源，人民付極少代價就能獲得健康照護，成為世界公共衛生發展的典範。我常

說，健保是右派政府克服重重困難，實施了左派政策。

公衛及健保能，沒有理由經濟不能，事在人為，關鍵在政府願不願、敢不敢得罪資本家「撩落去」！

照顧好人民的第一步

我的專長是公共衛生，談經濟撈過界嗎？由知名公共衛生學者大衛‧史塔克勒（David Stuckler）及桑傑‧巴蘇（Sanjay Basu）合著的《失控的撙節》（*The Body Economic*），即是從經濟觀點談國家經濟政策對人民健康的影響，值得只講求產業發展、拚經濟，但從不探討分配的財經內閣參考。

作者蒐集 1998 及 2008 年二次金融海嘯時的數據，發現各國政府在經濟危機時的作為，攸關民眾健康及經濟復甦。凡是大幅刪減衛生支出及撙節民眾基本福利的國家，人民死亡率上升，平均餘命下降。其中採用「震盪療法」的俄國，因大幅減少衛生及社福支出，短短數年內俄國人民平均餘命從 70 歲驟降至 64 歲，新增的死亡者多為青壯年人。

而 1998 年接受 IMF 金援及依照其指示採取撙節措施的國家，民眾健康下降、失業後酗酒及自殺死亡

分配正義
救台灣

增加，經濟恢復也比較慢。IMF及世界銀行採行新自由主義，認為降稅可促進投資及經濟發展，結果卻是貧富擴大、階級對立，顯示新自由主義行不通。雖然IMF最終為此道歉，但已經傷害了太多人的健康與性命。

相反的，在經濟危機時照顧人民一如既往的國家，則不但民眾健康得以維持，經濟恢復也比較快。書中特別提到瑞典、丹麥、挪威、冰島等國，不管經濟情勢如何嚴峻，仍然對弱勢族群不離不棄，不但民眾健康沒有受到影響，國家經濟也很快恢復榮景。這本書的結論完全符合我力倡的「合理漲價、公平加稅、照顧弱勢」理念，令我大感快慰。

人力資本是國家經濟及社會發展的原動力，國際上太多例子證明，「健康」及「教育」是「人力資本」（Human Capital）的基石，只要擁有健康、知識，加上政治安定，人們就可照顧自己及家人，社會與經濟自然獲得發展。

新加坡總理李顯龍曾在新加坡國慶大會談話時，清清楚楚、明明白白的告訴全國人民，政府施政目標是「不分貧富，人人受惠」。他說，政府的治國理念正在轉變，並且已經根據新理念重新制定民生政策，

為人民解決困難，讓人民的生活一年比一年好；他還說，「前人種樹，後人乘涼」，是華族根深蒂固的思想，「現在輪到我們為我們的後人種樹了」，政府將為年輕一代創造有利的環境，使新加坡成為他們創業、就業，和生兒育女的好地方。他的結語是「大家可以期待明天會更好，因為我們（政府）就在你左右！」

政府把人照顧好，國家經濟自然好，馬政府一直為經濟不振所苦，但始終未抓到問題核心，落實分配正義是照顧好人民的第一步，這一步沒有邁出去，不消除大多數人民的被剝奪感，其餘皆是空談。因此，政府推動任何經建計畫及稅制變革，一定要審慎周詳評估是否具備擴大財富的功能，以及對財富分配的衝擊，務求擴大財富增加帶來的福祉。如果不能達到這樣的目標，政府只會離民心愈來愈遠。

第十六章

稅改救國家

講清楚說明白，誰說人民不理性

稅制是財富重新分配的神兵利器。

然而良好稅制的五項要點，台灣無一不悖，難怪國家沉淪至此。

能改嗎？怎麼改？台灣前途，在此一改。

　　我在擔任衛生署長期間，發現稅制影響健保永續發展甚鉅，2011 年離開公職後，甘冒官場大不韙，公開批評當時的財政部是最爛的部會、部長李述德是最爛的部長（抱歉，其實他也是受命推行乖張的財經政策）；接著我寫了一系列文章[注1]，直指稅制不公是造成台灣「四不一沒有」的主因，包括：降遺贈稅及營所稅、資產稅（土地稅及房屋稅）只為實價千分之一至千分之二，不及美、日資本主義國家十分之

注1：請參考〈正視世代的不公義〉（《當世界又老又窮》推薦序，2011.10）、〈史上最大詐騙集團〉（《蘋果日報》2012.10.23）、〈馬克思的陰魂必將再起〉（《遠見》2013.4）、〈稅制不公，有害國民健康〉（《聯合報》，2013.09.10）等。

一，嚴重造成炒房、炒股，擴大貧富差距，政府又小又窮……。

總歸來說，要搶救衰敗中的台灣，必須從稅制改革做起，量能課稅、公平加稅，唯有改善政府一窮二白的狀況、落實分配正義，才能重建公義社會，弭平民怨！

賦稅比太低的政府不是好政府

我們的政府又小又窮，是因為賦稅比低，台語有一句俚語說：「便宜沒好貨」，同樣的，稅賦過低也不會有好政府！

便宜沒好貨，因為殺頭買賣有人做，賠錢生意沒人幹，民眾希望商品價廉物美，於是劣幣驅逐良幣。台灣黑心商品源源不絕，商人固然無良無德，但消費者貪便宜的心態也是黑心貨斷不了的原因之一。雖說貴的不一定品質好，但太便宜的不可能是好貨，政府有責任確保食品安全及標示充分正確，但民眾只要求便宜美味，期望低於成本購物的心態，也應修正。

同理，人民不能繳稅不多，卻希望什麼都政府出錢，雖然稅賦比高不一定是好政府，因為有可能錢都被官員Ａ走或蓋蚊子館浪費掉；但稅賦比太低，一定

不會是個好政府，因為巧婦難為無米之炊，沒錢的政府如何有高品質的施政？

　　台灣稅賦只占GDP的12％，是GDP達2萬美金以上國家中最低的，只有韓國的一半，所以政府沒有充裕經費辦教育；無法廣設公立托兒所、幼兒園，幫助年輕夫婦養育子女；失能老人也得不到社會支持，於是不斷發生照顧者累垮甚至因心力交瘁而殺害被照顧者的悲劇；政府投入科技研發的費用，遠不如韓國，因此國家投入大量經費給工研院研發、再轉移技術給台積電的成功案例，很難再有一次；政府窮，只好帶頭用派遣人力，年輕人更沒有前景及能力成家立業養育下一代。

　　台灣眼前還有人口快速老化的問題，十多年內人口結構將從紡錘型（生產者眾、食之者寡，又稱為「人口紅利」）轉變為倒三角型（生產者寡、食之者眾）。而政府對這個遽變並沒有未雨綢繆，每年持續發行近3,000億公債償還本息，加上與2000年以前相較，政府大部分為消費性支出，建設性支出大為縮減。當高齡化社會來臨，健保、長照等各項社福支出需求將大幅增加，而工作人口減少，社會福利及保障如何能負擔及永續？

社會期待稅改，但台灣賦稅主要由受薪者負擔，而非財團及炒房炒股者，普羅大眾早一肚子火，稅改若不公，等於火上加油，民怨會更高。稅改，必須公平！

稅制公平，才有公義社會

當國家走下坡時，需要政府更有作為，人民期盼政府做的事也愈來愈多。租稅是政府最重要的財政收入，台灣整體經濟雖然持續成長，但稅基與稅收並沒有同步增長，空虛已久的國庫苦盼「錢來也」，加稅勢在必行，但稅制怎麼改、稅要怎麼加、加在誰身上？

由前國安會秘書長蘇起擔任董事長的台北論壇基金會，曾在 2012 年 3 月發表經濟、兩岸、外交、國防等四個領域的「政策建言書」，提供那年 5 月即將展開第二任任期的馬政府參考。其中經濟政策建言書指出：長久以來，政府拚經濟以經濟成長為目標，租稅政策儼然變成一項配合總體經濟政策的「附屬」工具，在協助產業發展、促進經濟成長的大前提下，國家財政的穩健與稅收適足性不被重視，還可以被犧牲。光是「獎勵投資條例」與「促進產業升級條例」

就分別實施了三十年與二十年，分散在各法中的減稅免稅措施更是多如牛毛，嚴重破壞租稅主體性，也導致經濟成長與所得分配方向悖離，租稅的所得重分配功能每下愈況。

當時建言書中直指，政府對租稅改革「應確立公平正義為優先選項」，宣示「財政適足」與「稅制公平」二者為最重要與最優先的價值目標。

而台灣稅制之不公，連外人都看不下去！2014年9月，挪威前總理布倫特蘭夫人（Gro Harlem Brundtland）來台領取唐獎永續獎時，表示丹麥平均稅賦40％、挪威32.5％，台灣稅賦太低，如何能重新分配財富？她認為台灣應改革稅制，向富人課稅，以利資源分配；兩個月後《二十一世紀資本論》作者皮凱提訪台，他在一場座談會中表示，各國政府應課徵資本持有稅；同一場座談會上，台積電董事長張忠謀直指五年前政府不應將遺產贈與稅最高稅率從50％降至10％，這是錯誤的政策，不利創造財富平均的機會。

中央研究院經過近一年的討論、分析和研究，2014年6月發表「賦稅改革政策建議書」，在稅收占GDP比例不變的原則下，提出七大建議，大致涵蓋

了當前稅制種種問題並「對症下藥」。

第一就是降低薪資所得者的稅率，並適度提高消費稅稅率，一般消費品維持較低的現行5％稅率，高級奢侈品課以較高如10％的稅率。

第二為廢除「兩稅合一」，恢復兩稅分離制，綜合所得稅採「部分股利所得扣抵法」消弭重複課稅。

第三是將現行偏低的17％營利事業所得稅率，合理提高到20％至25％之間，與韓國及歐盟相當，另減稅應針對真正有技術創新的產業，而不是普遍大放送。

第四建議為改革房屋稅與土地稅，兩者合併課稅，且以市場實際交易價格做為課徵基礎，改善目前不動產持有及交易的資本利得稅賦偏低的情況，如此不但稅基擴大，也更符合公平合理的課稅精神。

第五為建立綠色稅制，對有害環境的活動課徵包括能源與環境相關稅費，再拿稅收補貼低收入戶及大眾運輸，以及相關所得稅制改革，落實環境汙染費和資源管理費的開徵。

第六為貨物稅改革，藉由貨物稅選擇性課徵的特性，考慮類似獨立課徵菸酒稅捐的政策，推廣涵蓋至其他成癮性貨物與活動，達到「寓禁於徵」的目標。

第七為改進中央與地方稅收的結構及分配。

姍姍來遲的史上最大加稅案

中研院的建議很理想也很完整，兼顧稅收充足及公平，不過套句時下流行語「理想是豐滿的，現實是骨感的」，稅改由於牽涉所得重新分配，難度高，光要擺平各方利益團體就極耗心神，而且工程浩大。現實裡，稅改很難一次到位，為回應社會各界的稅改呼聲，財政部2014年上半年端出「財政健全方案」，提出課徵富人稅、降低股利扣抵率、提高金融營業稅等三大增稅案，並蒐集各方意見，研究規劃「房地合一，實價課稅」。馬政府姍姍來遲的「財政健全方案」被稱為「史上最大加稅案」，增加幅度雖仍嫌不足，但看得出政府有改革誠意，稅改總算開始往前邁步了。

三大增稅案以修法推動，立法院2014年5月三讀通過「所得稅法」，將綜合所得稅稅率從五級改為六級，最高稅率由40％提高到45％，年所得淨額1,000萬元以上的富有家庭所得稅率以45％計算，預計有9,500戶家庭將多繳稅，外界稱為開徵富人稅；另調整兩稅合一制度，股東獲配股利可扣抵數，由現行的

100％降至50％，改善兩稅合一造成的稅收不公，國庫每年可增加約500億元稅收。這兩項修法多少有一些抑制貧富不均、緩和貧富對立及量能課稅的功用。立法院同時修正「加值型及非加值型營業稅法」，金融保險業營業稅率從現行的2％恢復至5％，估計每年可替國庫增加稅收約200多億元。

財政部預估這項稅改方案2015年實施後，每年稅收可增加800億元，是史上最大加稅案，而增加的稅收，一部分透過調高綜合所得稅扣除額回饋受薪階級，單身者的標準扣除額從新台幣7.9萬元調為9萬元，夫妻合併申報從15.8萬元調為18萬元，薪資和身心障礙特別扣除額都調為12.8萬元，這項所得重新分配措施，估計有700萬名納稅義務人受惠。

扣除回饋受薪階級的部分，國庫每年實質增加稅收約為650億元，雖然財政部表示「為財政健全注入一股活水」，政府有此成績實屬不易，應給些掌聲，但相較於政府每年2,700億至3,000億元的財政赤字缺口，還差很多。

推動稅改急不來，但眼前政府公債上限即將破表，政府應有更積極的作為，最起碼不能再增加負債，對賦稅比偏低的現象，應明確訂出提高稅收占

GDP比的目標，逐年分期達成。2013年台灣的GDP為4847億美金，如果稅收占GDP的比例增加3％，從12％提高到15％，雖然還是很低，但國庫一年就能增加4362億元台幣，可優先配置於照顧老人、幼兒等相對弱勢的群體，減緩「四不一沒有」對社會的衝擊。

若不採治本策略，只求治標，則現階段政府還是得另闢財源增加稅收，否則不但很多重要施政一攔再攔，不斷上升的負債金額，也將是後代子孫難以承受之重。

指定用途稅，照顧老人與幼兒

財政運用上有一種「指定用途稅」（Earmarked tax），也就是限定稅金的用途，像菸品健康福利捐、健保費和高速公路通行費都屬於此，但據知財政部喜歡所有的稅收都進大水庫再來調度分配，不喜開辦指定用途稅，而且認為指定用途稅不是「稅」，而是「費」，不歸財政部管。然而像以薪資為基礎交健保費，國際上稱為薪資稅（payroll tax），就是稅的一種，而且指定用途稅專款專用，容易監督，才能讓老百姓有感，是比較容易推動的稅改項目。對稅吏而言，稅、費不同，但從民眾角度而言，都是政府透過

立法強制民眾要交付的費用，逾期不交則有罰責，稅與費實質上並無差別。

WHO 曾在 2010 年的年報，提出在稅制不健全的國家，可用另類方式籌措健康照護財源，例如政府可實施每筆金融交易多收 5 元、電話費多收 5％，以指定用途稅的方式，將得來的稅金用在人民的健康照護上。

在台灣全盤完成稅改前，政府其實可參酌 WHO 的建議，以「指定用途稅」的方式增加兩個課稅管道，其一為每一筆金融交易多收 5 元手續費，其二是房屋稅及地價稅每戶每年多收 1,000 元，所得款項，前者用在老人照護及幼兒托育，後者用來補助年輕人第一次買房子時的房貸利息。

照顧家裡老小費心費力又費錢，隨著台灣高齡化，建立老人長期照護體系迫在眉睫，目前政府每年長期照護預算只有約 30 億元，僅約 11 萬名老人能受惠；另外，托育是許多小家庭的大苦惱，既擔心沒地方安心托育，又憂煩托育費用高。小嬰兒的保母費不便宜，到孩子大一些可以就讀幼兒園時，公立幼兒園僧多粥少，多數家庭只能把孩子送到私立幼兒園，又是一筆不小的開銷。

依我粗略估算，如果每一筆金融交易（包括期貨交易、股市交易、外匯買賣、黃金買賣、存提款交易等）收5元，一年應該有超過300億元的進帳，一半拿來做老人照護，是目前每年長照預算的5倍，可照顧數十萬有長照需要的老人；另一半用於嬰幼兒托育，或補貼保母費，或增設公立幼兒園，或補助孩童就讀私立幼兒園的學費，解決家長的困擾。當托育不是問題，年輕夫妻也就敢生兒育女了。

台灣現在的房屋稅及地價稅，僅約實價的千分之一至千分之二，若全面調漲且依實價課徵，台灣大概要暴動了，不只有殼蝸牛跳起來，蓋房子的、賣房子也都會出來抗爭，立委想必也反對。真的沒有辦法動這一塊嗎？非也！政府可以從微調開始！

協助年輕人買得起房子

台灣目前有500萬戶住宅，如果每戶的房屋稅及地價稅每年多收1,000元，就有50億元。家裡只有一戶住宅的年輕人第一次買房子，政府補助一半利息，以目前購屋貸款利率約4％來計算，政府補助2％，50億元相當於提供了2,500億元的免息貸款額度。

這個方法可說一舉好幾得，不只減輕年輕人購屋

負擔，婚後有能力成立小家庭、還得起房屋貸款，有了安身立命之處，會讓年輕人有打拚的動力；此外，還可以消化台灣從北到南大量的空屋。

對於房價高導致年輕人買不起房子，政府提出的對策之一是興建平價社會住宅，但目前台灣廣義定義的空屋有150萬戶，狹義定義的空屋也有7、80萬戶，讓資金凍結在這些鋼筋水泥上，再另外花公帑興建社會住宅，是雙重浪費，實在愚蠢。

每次金融交易多收5元，金額低，付費者不致唉唉叫；房屋稅及地價稅每年多收1,000元，也不會讓房屋所有人難以負擔，但積少成多，將是政府穩定的財源，增加政府可運用的籌碼；而且這兩種加稅方法，皆是所得高者負擔較多，由電腦代扣難以逃漏，收取效率高而行政成本低，符合第三章提到的良好稅制五要點：公正、充足、穩定、效率及中立。

這裡我只是提出構想，如果我們的人民，願意透過群體的力量照顧失能老人、減輕年輕父母育兒壓力，以及協助年輕人買得起房子，實施辦法及補助細節當然必須詳加研議，也可以做各種調整及組合。

當然，任何加稅方案，一定會被某些人認為又是政府搶錢的伎倆，排斥咒罵，但誰家沒有老人小孩？

親朋好友中也一定有計畫買房成家的年輕人，只要政府說清楚講明白錢怎麼來、如何用，以半年時間宣導說明，相信絕大多數民眾可以接受這種加稅的方式，甚至「欣然同意」。

或許有人會質疑，現今政府需要用錢的地方太多，難道每一項都弄個指定用途稅？並不是，我們只要求政府為基本的、迫切的、同時也是「固本」的施政項目開辦指定用途稅，也就是「老有所終」、「幼有所養」、「居住正義」這三項。當長期臥床及失能的老人獲得照顧、當年輕爸媽不必煩惱孩子往哪裡托育、當年輕人買得起房子覺得未來有希望，台灣社會就會逐漸穩下來。

說清楚講明白，人民會接受

推動改革一定有阻力，但多數人民是理智講道理的，新政策只要對多數人有益，且事前做好充分溝通，人民一定會接受且支持。我擔任衛生署長時調漲健保費即是一例。

2002年衛生署曾調漲健保費率，但社會反彈很大，罵聲連連。其實那次的漲幅並不足以因應健保所需，但之後的衛生署長都不願管這件事。2009年我

接任署長時，健保瀕臨破產，再不調漲保費，健保就要倒了，屆時受到最大傷害的必然是弱勢民眾。

我上任後第一次到立法院備詢，就有立委要我公開承諾任內絕不調漲健保費，我說如果要做到二代健保時公民會議的結論「健保不能倒，醫療不能少，費用不能漲」，那只好請上帝來當署長，絕不同意任內不調保費。

台灣「利」委不論是勞、健保費，或是油、電漲價，凡是費用一定不能漲，福利則只能加不能減，不是他們民粹又愚蠢，就是假裝為民眾看緊荷包，事實上卻讓民眾因小失大。說穿了，「利」委們由於被財團包養，所以用盡心思讓財團少繳應負擔的費用，協助大老闆們逃脫應承擔的社會責任。十個立委八個混蛋，我站在答詢台上一點都不尊敬他們，只是莫可奈何的必須尊重這個全民同意的體制，我敢講絕大多數的政務官都是這樣想。

在健保局依我指示提出健保費率調漲案後，我親自撰寫健保費調漲說帖，以各種國際數據對照，向各界說明保費調漲的必要。

當時，只要有節目邀約，我一定親上火線，就算被罵到臭頭，也一再說明。我十分感謝當時李家同教

授自告奮勇，接著孫越叔叔、陳樹菊女士等都免費義助拍攝「健保有你真好」宣導短片。這些宣導做成光碟，每片不過數十元，衛生署委請各醫院在診間不斷播放；又做海報，比較各國的健保及費用情形，同樣請醫療院所張貼，二者所費有限，但成效頗佳。

當時適逢兩家大型醫學中心嚴重違法，衛生署予以重罰，加上處理若干署立醫院的弊端，民眾對「節流」多少有感，因此費率從4.55％調到5.17％（現為4.91％），投保薪資上限從9萬元調到18萬6千元（高所得者漲一倍以上），結果非但無人上街頭抗議，且民眾對健保滿意度達到史上最高（85％）。目前健保財務穩定，基金達千億，其中補充保險費的貢獻不及三分之一，主要為費率調整，因此健保至少可再撐個三、五年。

這一次健保費調漲，民眾沒有逢漲必反，我走在路上還碰到民眾主動表示願意多繳健保費幫助弱勢。這說明事在人為，只要主事者勇於且願意花時間不斷跟民眾說明，將會發現，我們的人民並非都民粹不理性。民眾多數是理性、可以被說服的，關鍵在於政府提出的政策是否合理，以及政府是否做好宣導及溝通，爭取人民的共識及支持。

遺憾的是，後來推動二代健保修法，沒能達成我理想的以「家戶總所得」來計算保費的設計，連學界都認為這種算法最公平正義，但財政單位卻認為實務上「做不到」。

這件事引爆我的怒氣，財政單位不思檢討稅制的缺失，反而說衛生署的提議荒謬、做不到。稅改本來與我何干？但我希望為健保建立可長可久的收費方式，就干我的事了。不稅改，就沒有辦法公平合理收取保費，何況稅制牽涉整個社會的分配正義！我痛罵財政部一直在睡覺，離開衛生署後更不斷為文批評政府稅制不公不義，強烈要求政府稅改！

油電不漲，對富人才有利

反觀油電雙漲，民眾反對之聲也不絕於耳，其實台灣的油價、電價，由於政府的補貼政策，與其他先進國家相比，費率都偏低。不過油錢、電費屬於家庭大宗開銷，即使是中產階級家庭，買車也必考量是否省油，平日家裡用電心中也都有一把量尺估算，尤其溽暑來臨時，冷氣開不開、開多久，都盤算再三，免得看到電費帳單時心臟受不了。

但對有錢人來說，跟自家車庫裡動輒數百萬、千

萬元的高級房車及名貴跑車相比，油錢算什麼！跟居住的豪宅相比，電費也不算一回事！如果油、電以低於成本收費，身為用油及用電大戶的富人，完全不需擔心付不付得起這個問題。中油、台電的損失，政府又以全民繳的稅金補貼，受益最多（也就是占最多便宜）的是繳稅少的有錢人，公平嗎？

但我從未見相關單位好好利用各種管道與民眾溝通說明，比如經濟部長就沒有站出來上電視或在廣播上強力說明；另外，在各個加油站張貼各國油價比較及上漲理由；台電在寄發電費收據時，可以順帶說明電價為何需要調整、如果不調台電將破產，屆時還得政府拿全民的錢來善後等等，這些都是所費不多，但傳達率很高的方式，為什麼不好好利用？為什麼不跟（不願？不敢？）民眾說清楚！更重要的是對外界指陳的台電、中油浪費弊端或自肥，也未積極處理，難怪民眾更反對調漲了。

相信若多數民眾得知不按成本合理漲調油電，最占便宜的是有錢人，一定會支持漲價方案；而政府可以規劃電費調漲後的回饋方案，例如增加的營收，拿出一定比例補助用電在多少度以下的家戶及弱勢家庭，鼓勵節約用電，也照顧到窮人家。

關於電價，上面這些沒做到不說，行政院最近又向民粹屈服，推出齊頭式平等的電價回饋方案，令人氣結。

　　負債累累、累計虧損高達 2,000 多億的台電，2014 年因電費調漲及國際料成本下跌等因素，獲利 240 億元。如果是一家長期虧損的企業，好不容易有高額盈餘，一定先拿來彌補虧損，穩定公司財務，以求永續經營。但台電的大老闆、行政院卻不是，立委提出台電盈餘應調降電價回饋電戶，行政院立即「從善如流」，閣揆毛治國宣布拿出其中的 90 億回饋用戶，2015 年 1 月，全台 1,173 萬戶住宅及小商家可收到 800 元電價回饋「紅包」，不分貧富，戶戶均享！

　　反正政府施政今天讓人民有感就好，明天台電倒了干我何事！有這樣永遠炒短線的政府，台灣如何不向下沉淪？

　　回到稅改，稅改的確很難，而政府不能只滿足於「財政健全方案」目前的成績，因為離真正的「健全」還有相當遠的距離。政府必須更加努力推動稅改，相信只要行政部門誠懇、誠實向民眾報告：減富人的稅，就是增加受薪階級的負擔；少收某些項目的稅（如資本利得），就會減少全民的福祉；減目前的

稅，就是未來要課更多的稅去彌補……，民眾不但會支持政府一步又一步的稅改，還會協助政府排除稅改的阻力（如專為財團及富人護航的「利」委）。

再者，既然任何加稅的稅制改革，無論早一點的恢復課徵證所稅，還是最近起爭議的兩稅合一抵扣減半，以及研議中的房地合一稅，財團及富人都有一大堆理由反對到底。但政府又小又窮、受薪階級負擔過重又是不容爭辯的事實，財政部不妨向他們請教，請他們就如何合理加稅提出高見，以稍補公共支出的不足。如果他們提不出來可行方案，或提出來的是「拙見」而非「卓見」，就請閉上嘴巴，不要再對加稅方案置喙。

至於我提出的建議，我負責！如果政府覺得推動我提出的兩項指定用途稅太難，我自動請纓出任財政部長，負責宣導、說明與溝通！

政府要堅持做對的事

稅制影響每一個家庭，更關係國家財政穩固與否，有穩健的財政制度，國家才能長治久安。看看歐盟希臘、愛爾蘭和葡萄牙等國，由於主權債務危機，國家慘兮兮，經濟發展倒退、產業跑光光、失業率高

居不下，甚至政府面臨破產。沒有人願意台灣走到這個田地！

台灣偏離公平正義太久也太遠了，加上政治經濟亂糟糟，很多人對政府失望而離「台」出走，現在能把人留在台灣的，是健保制度和與其他國家比較相對良好的治安。如果今天沒有健保，離開台灣的人會更多、回來台灣的人會更少，所以政府要堅持做對的事。當人民感受到政府的轉變，發現政府修正拚經濟的目的，並致力稅改、致力所得公平分配，將可留住更多的人，而且大家會很願意一起拚經濟！

民主國家能對民眾抽取高額稅賦，至少要有三個條件：

一、政府提供民眾高水準的福利服務。從母親的子宮到墳墓，提供人民低學費或免學費以及免費醫療，是其中之一。人民雖繳高額稅金，但因不用煩惱生老病死、學費、失業，不必再儲蓄，這就是用社會儲蓄代替個人儲蓄。個人儲蓄率高的國家其實是社會保障程度低下的國家，是落後的象徵。

二、政府清廉、決策透明、公民參與，因此很少有蚊子館這類浪費公帑的建設，貪汙更是罕見，民眾覺得自己繳的稅就算沒有物超所值，至少也值回票

價。

　　三、民眾高度認同國家，並認為整個社會是休戚與共的生命共同體，人民樂意互相幫忙同舟共濟，而不是自掃門前雪、隨人顧性命。

　　當一個政府做到前面兩點，第三點自然能達成。國家必須先「固本」，民主才有意義，之後的「培元」如簽署自由貿易協定、推動自由經濟示範區，才不會讓財富更加集中。沒有經濟正義，不論在國際上或在台灣，民主自由都是假的，實際上是財團治國、資本家獨裁，這在前面幾章已說明得很清楚。不是餅做大了，基層大眾才能分到一些餅，而是打拚的人都可公平分到應有的餅，大家才會共同努力把餅做大，否則在便利商店打打工，或到紐、澳摘摘水果混日子，也比替若干資本家當血汗勞工來得強。

　　面對台灣當前的傾頹衰敗，我們在期待政府提升施政效能的同時，也必須靠公民力量提升整個社會的公民意識，政府與人民同步成長，同心合力救我們的國家！

第十七章

展開新公民運動
讓台灣成為具思辨能力的公民社會

公民意識是人民最大利器,只要公民及媒體對每項福利或建設,
都問一句「錢從哪裡來」,是加稅、發行公債或排擠其他施政,
台灣民主水準必然大大提升。

　　拯救台灣必須從稅改開始,行政院也推出「財政健全方案」回應社會對稅改的期望,然而兩黨立委卻大扯政府稅改的後腿。國民黨立委持續為財閥護航,證所稅「大戶條款」延後實施;民進黨立委則是意圖對兩稅合一「股利扣抵率減半」翻案,讓台灣持續朝分配不公不義的路走下去。這樣的執政黨及在野黨,都不是台灣人民能寄望的,人民唯有靠自己,才有翻轉惡質政治生態的力量。

　　古有周處除三害:白額猛虎、河中惡龍及周處自身。周處除掉猛虎及惡龍後,「篤志讀書,砥節礪行」,從地方惡霸轉變成為良將忠臣。台灣現在也有三害:黑心政客、腦殘媒體及民粹心態。讓我們展開

新公民運動，除三害，救台灣！

兩黨「利」委，稅改的攔路虎

九合一選舉國民黨慘敗，幾乎所有評論都認為台灣社會長期貧富不均是主因。分配不公不義，激發普羅大眾尤其是年輕世代的怒氣，人民因此用選票狠狠教訓執政黨。選舉結果剛揭曉時，國民黨沉痛表示要檢討、要躬身自省，結果選後不到一個月、2014年12月26日，立法院竟三讀通過國民黨立委帶頭的提案，證所稅大戶條款延後三年實施。

立法院2013年6月25日三讀通過的新版證所稅，經過各方角力，行政院一再退讓，被「閹割」到已經喪失量能課稅、公平正義的精神（請見第十章〈有錢人繳的稅多，還是你我？〉），其中「大戶條款」原訂2015年上路實施，但券商及大戶們不斷透過各種管道對政府關說、施壓，積極運作廢除大戶條款或延後實施。

所謂「大戶條款」，是對大戶年交易超過10億元的部分課徵千分之一證所稅，10億元以內證所稅為零。課稅標準低、稅率又低，預估會被課稅的大戶約2,000人，稅收約9.7億元，政府根本沒課到多少稅。

但「利」委連這一點點對資本利得公平課稅的精神都不願維持，竟還要幫股市炒手減稅！

國民黨立委羅明才於2014年10月提案，將「大戶條款」的課稅門檻提高到年交易超過50億元的部分才課徵證所稅。九合一敗選後，藍委不思檢討改進，反而急著處理選前未及有結果的「大戶條款」，2014年12月17日立法院財委會立委提出三案，一是「門檻高到50億元」、二是「大戶條款暫緩五年並將門檻提高到50億元」、三是「直接廢除大戶條款」。在場立委當場與財政部「討價還價」結果，決議大戶條款維持10億元門檻，但暫緩三年實施，而立法院也火速在12月26日三讀通過這項決議。只要爭取到延後實施，大戶們未來仍有翻案廢掉該條款的機會。

執政黨立委在人民對政府失望時，不思如何提升執政黨形象，反而趁著敗選後行政院士氣低迷再踩踏政府臉面，為了自身的政治資源及利益，把執政黨推得離人民更遠。我認為國民黨改革無望，解散算了！

對藍委這項修法行動，民進黨立法院黨團雖有開會討論，最後決議不阻擋，將提出自己的稅改方案。

但民進黨可信任嗎？民進黨經常譏誚國民黨政商勾結、施政偏財團、與資本家同在、沒有照顧老百

姓，以致社會貧富差距日大，但就在部分國民黨立委積極研議為「大戶條款」翻案時，部分民進黨立委也正忙著為大戶們減稅。2014年12月24日，民進黨立委薛凌及吳秉叡在立法院召開公聽會，討論即將在2015年1月上路的「兩稅合一股利扣抵率減半」新規定是否延後實施，企圖對七個月前通過的修法翻案，還好在輿論壓力及財政部嚴正表態下，並未得逞。

「兩稅合一股利扣抵率減半」是財政健全方案最重要的稅制改革，如果民進黨立委成功翻案，依吳秉叡的提議訂日出條款（營利事業分配屬1998年度至2014年度盈餘、在2019年年底前分配者，適用完全扣抵稅率），等同緩徵五年，政府將減少逾2,500億元的稅收；如果減半扣抵改為2015年起的新增盈餘才適用，更等同緩徵十四年，政府減少稅收超過7,000億元。

民進黨口口聲聲「公平正義是民進黨基本價值」，但綠營「利」委阻擋「兩稅合一股利扣抵率減半」實施，對稅收的影響，遠大於藍營「利」委提案讓證所稅「大戶條款」延後三年實施，也將更加擴大社會的貧富差距。

這兩個黨，只是五十步與百步的差別！在「利」

委們心中，只有大老闆是選民吧，所謂的為民服務，就是為財團、富人爭取最大利益，當稅改的攔路虎！

腦殘媒體興風作浪

如果說黑心政客是周處除三害故事中的凶猛白虎，腦殘媒體就是水中惡龍，興風作浪，讓社會躁動不安，還拉低了台灣人的平均智商。

知名的日本趨勢大師大前研一在其著作《低智商社會》中，指日本社會愈來愈弱智，人民集體智商衰退表現在「集體不思考」、「集體不學習」、「集體不負責」三方面，年輕人只關心自己半徑三公尺以內的事情，人們盲從沒有自己想法、遇到困難不思考就放棄……。大前研一指日本低智商時代來臨，商業媒體則是社會低智商化的元凶，電視充斥低俗無聊的節目，但影響力非常大，如只要媒體說納豆有助減肥，第二天超市的納豆馬上賣光光。社會充斥「笨蛋現象」，好欺騙、好操弄。

大前研一對媒體的批評也適用台灣，但台灣可不只綜藝節目低俗愚民，危害台灣更深的是談話性節目。八卦性談話節目不是女星炫富秀百萬名包、談吃喝玩樂，要不就是議名人的長短、嚼名人的舌根；政

論性談話節目只見政客和名嘴「無所不罵」，名嘴甚至還「演」新聞，為反對而反對，言大而夸，極具煽動性，但人民不思考不判斷，跟著起鬨謾罵！

不看談話性節目，轉頻到新聞台，一樣沒品質。新聞選材膚淺低俗，很少看到具深度的報導及評論，大量的錯別字帶來很高的娛樂效果，像刑事案件警方抓到真凶，新聞台打的字幕是「逮真『胸』」。最經典的新聞錯字笑話是前總統陳水扁之子陳致中接受媒體採訪說媽媽吳淑珍的身體有如「風中殘燭」，結果新聞台打出來的字幕是「風中蟾蜍」，笑翻電視機前的觀眾。

但與記者的腦殘發問相比，錯別字算什麼！每當空難、土石流、火警、車禍等災難發生，電視新聞中常見記者拿著麥克風追著死傷者家屬問：「請問你現在心情怎麼樣？」「請問你感覺如何？」記者的表現不也弱智？

2014年2月《美國外交政策雜誌》（*Foreign Policy*）網路版，刊登由曾在台灣工作的記者福克斯（Chris Fuchs）撰寫的台灣媒體現象特稿，網頁標題為「台灣民眾受夠了猥褻、麥克風堵到臉上的新聞報導」（Why Taiwanese are getting fed up with the island's salacious, in-your-face media），文中指出，台灣擁有亞洲最自由的電子與平面媒體，但充斥媒體的是駭人聽聞、羶腥色和荒謬的新聞報導。媒體以麥克風堵到受訪者臉上的方式，百無禁忌即時報導聳動與媚俗的事件，如果沒有改進，下一代必須繼續忍受腦殘式新聞的轟炸。

台灣媒體另一個嚴重問題，是「宅」在台灣眼界不開。大導演李安曾在台北市政府舉辦的城市論壇中說，台灣電視新聞盡播一些雞毛蒜皮、小貓小狗的事，沒有世界大事，「真的很不像話」，拜託電視多報導一些世界比較重要的事情，多爭一點氣；公益平台文化基金會董事長嚴長壽也曾在一場媒體論壇中，直指台灣新聞缺乏國際觀，「我們現在幾乎到一個全盲的地步，加上政治的操作，現在很多電視台根本就是兩極化。」

新聞媒體面對批評總說「觀眾愛看」，究竟是不長進的媒體養出品味差的觀眾？還是品味差的觀眾養出不長進的媒體？這跟「雞生蛋、蛋生雞」的問題一樣，已不可考，但既然媒體以閱聽人的喜好為依歸，就請人民以「拒看」，明確告訴媒體，別再餵我們腦殘新聞。

分配正義
救台灣

從自身「革」起，成為有水準公民

周處除三害，除完猛虎與惡龍，自己再洗心革面；但我們要除黑心政客與腦殘媒體，順序必須倒過來。要除掉這三害，我們人民必須從公民覺醒做起。大家先行「革」掉不好的習氣，改掉理盲濫情的習性及民粹心態，提升自己成為具思辨能力的公民，不再被黑心政客操弄，腦殘媒體和黑心政客也無法繼續荼毒我們！

台灣人很棒的，來台灣自助旅遊的國外及大陸背包客，對台灣的人情味莫不讚賞有加；台灣人的愛心也是全球聞名，印尼亞齊省海嘯、大陸汶川大地震、日本311海嘯，台灣的捐助在國際數一數二，更不要說發生在自己土地上的921地震及88水災，也是慷慨解囊捐輸愛心；捷運上即使人滿為患、入眼所及沒有老弱殘幼，博愛座依然空空如也，留給有需要的人。

台灣人有愛、重情義，唯獨不夠重法理，遇重大社會事件，還常常理盲又濫情。例如2013年陸軍士官洪仲丘疑在軍中遭虐死案發生後，社會譁然，軍中管教制度被批得體無完膚，最後國防部宣布關閉軍中所有禁閉室。其實軍方該檢討的是如何適當運用禁閉

管教機制，而不是因噎廢食、頭痛醫頭，但人民濫情造成軍方理盲。

時間再往前推，2009年八八水災傷亡慘重，更是一個標準「理盲濫情」的例子。災後各界紛紛將炮口指向氣象局，連馬英九總統都指責氣象局預報不準確，監察院還跳出來調查氣象局是否失。當時政大講座教授、美國約翰霍普金斯大學教授錢致榕在一場討論防災救災的論壇中忍不住表示，台灣社會理盲又濫情。

他說，災後大家都在指責別人，整個社會都「理盲」、沒有基本科學知識，氣象預報有科技極限，各國雨量預報也只有三成準確率，氣象局沒有失職；而名嘴大罵政府錯過救災「黃金72小時」，地震是有三天黃金救災期，但土石流一來幾秒鐘人就埋掉了，名嘴的論調根本錯誤；另外，媒體同情這個同情那個，連官員都認為趴在地上救災的阿兵哥很可憐，但救災如同打仗，濫情將會讓事情做不了。

理盲濫情往往打亂做事的節奏，也容易讓政客或掌握民粹心態鼓動人民，或以似是而非的道理欺瞞人民，所以除了不理盲不濫情，人民還要有思辨能力，才能識破政客的伎倆，不被牽著鼻子走。

思辨能力不夠，被坑了都不知道

有一件事我一直很遺憾，就是關於勞保費率，我們的勞工朋友，由於思辨能力不夠，被「坑」了很多年都不知道。

勞保基金，每一分每一毫都歸勞工所有，但勞保費負擔，勞工自負20％，政府負擔10％，雇主負擔70％，無一定雇主勞工自負40％，政府60％，平均勞工負擔30％，政府及雇主負擔70％。費率愈高，當然對勞工愈有利。但過去絕大多數勞工不知道這點，加上逢漲必反的心態，於是資本家買通「利」委，壓低勞工經常薪資及勞保費率，以節省大筆勞保費支出，「利」委拿了財團的好處，還轉頭跟勞工邀功「讓你們少付勞保費」，勞工不知道受騙，還感謝立委幫忙省錢，殊不知雇主及財團正為逃脫社會責任在一旁竊喜。

二十多年前我在規劃全民健保時，有一次對勞工演講，請勞工朋友們支持勞保平衡費率，以消滅勞保基金的鉅大潛在虧損。我告訴勞工朋友，勞保費雇主及政府負擔70％，勞工自己只要負擔30％，費率愈高對愈勞工愈有利。但勞工朋友完全聽不進去，我當

場被噓，還好當時不流行丟鞋子，否則我身上大概就有鞋印了！

而當時的立委，不是主張降低勞保費率，就是要求政府不得提高費率，無一例外，令人憤怒。我把當時的立委分為三種，一是擔任資本家走狗，視勞工權益於無物，二是白癡，搞不清楚怎麼樣對勞工才好，三是沒有 guts，不敢講真話！

時至今日，隨著勞動意識提高及有識之士戳破騙局，以及正確觀念的傳播，愈來愈多受薪階級了解勞保費率高低與自身權益的關連，無良企業主及「利」委要故技重施比較難了。

雖然公民思辨能力有提升，但仍不足。我每學期或每次演講都問大學生及研究生，勞保費率高低哪一種對勞工有利，仍有四分之一至五分之一同學認為費率低對勞工較有利。

更遺憾的是，媒體思辨能力也沒有提升。2014年 12 月多家媒體報導勞保局宣布 2015 年元月 1 日起調漲勞保費率，但當時部分媒體以「勞工保費負擔加重」、「近千萬勞工受影響」做為報導重點，好像勞工吃虧了，但此次調漲，勞工平均每月多繳 30 元，加上雇主政府負擔的部分，相當於每月多繳 100 元勞

保費。全台996萬勞工，就是每月多收繳10億元保費、全年多收繳120億元保費。由於勞保給付全歸勞工享有，而勞工只負擔了36億元保費，另外的84億元有人幫你付，這不是最划算的買賣嗎？

在台灣，不是在工廠做工的才是勞工，只要是領老闆薪水的受薪階級，統統是勞工，媒體記者亦然。我前陣子遇到相識多年的前《聯合報》系記者張耀懋，他還提到，當年就是聽了我對勞工的演講，才知道多繳勞保費對自己是有利的。

這就是思辨能力的重要，當台灣絕大多數民眾理性、能思辨，我們就有能力透過群體的力量做對的事以及把事情做好。

走在繩索上的公民力量

民意向背左右政府施政，我們要善用、而不是濫用公民力量。尤其現今網路世代，網路資源取得便利、普及率高、訊息量大、傳遞快速、無遠弗屆，配合智慧型手機的即拍即發功能，人人可上網當狗仔，將他人隱私公諸於世；同時人人可當記者，發新聞寫評論、臧否時事、表達意見主張。網路成為新興發聲管道，影響力超越傳統媒體，殺傷力也大於傳統媒

體，讓勢力龐大的「婉君」（網軍）成為走在繩索上的公民力量，必須謹慎拿捏使用方式及力道。

訊息真假難辨是網路一大問題，台灣民眾原本就容易被媒體和名嘴煽動情緒，一窩蜂跟著起哄，網路讓人云亦云的效應更加擴散。像2013年發生菲律賓海巡船射殺「廣大興」漁船漁民事件後，台灣人民群情激憤，網路上瘋傳一篇民眾目睹便當店拒賣便當給菲勞的「便當文」，國內外媒體都跟進報導，結果竟是杜撰的，顯示盡信網路的高風險。

加上網路動員能力強，讓網路成為雙面刃，運用得宜，網路可以匯集社群共識、凝聚人民力量，為共同目標努力；心存惡念，網路則成了暗箭傷人的工具。2014年底九合一選舉的台北市長之役，充分展現網路的影響力與殺傷力，柯文哲打敗連勝文，網路功不可沒，他也在勝選之夜說：「這是一場網路主導的選戰！」柯是網路的受益者，但連勝文則是受害者，競選期間網路上對連勝文跟他的妻子蔡依珊的人身攻擊已經是網路霸凌了。

選後還有網友展開「清算」行動。曾有網友在PTT發下豪語「如果柯P得票超過80萬，我把政大的樹都吃掉」，柯文哲高票當選後，這則發言立即被

網友翻出來戲謔，但台北市一名里長則沒這麼好運氣。選前媒體披露里長伯說如果連勝文敗選他就切腹自殺，結果選後有網友找出這則新聞，傳簡訊給這個64歲的里長，問他何時兌現承諾。

中國大陸管制人民上網，我們常嘲諷一海之隔的對岸人民沒有民主自由，但民主不代表多數可以肆意傷害少數，尤其當多數已經是勝利的一方，更要展現尊重少數的氣度。使用網路必須遵守道德規範、必須自制，不能無限度自我膨脹，以為在網路上稱王，在現實中就可以稱帝。理性的公民，會謹慎運用網路，不讓網路成為猙獰怪獸，撕裂社會、製造族群對立。

年輕世代可以做更多

九合一選舉年輕世代熱情投入、勇於表達，參與度可說是歷來最高。柯文哲勝選隔天，《天下》雜誌網路上的「獨立評論@天下」刊登政大法律系四年級學生黃馨雯的投書，支持柯文哲的她說，「我們不是仇富、訴諸階級對立，我們只是希望階級有流動的機會，我們只是想相信，努力還是可能帶來改變。」

改變階級流動，光靠投票選出自己心目中理想的候選人是不夠的，需要更多的努力，年輕世代可以做

更多！

2014年春天的太陽花學運，讓年輕世代長久以來對就業困難、薪資倒退、房價暴漲、貧富擴大等不滿及怨懟的鬱悶情緒找到出口。太陽花學運退場時，學運領袖們表示要「轉守為攻、遍地開花」。

但要攻什麼議題？開什麼樣的花？

「改變階級流動」可說是其中一個議題，九合一選舉國民黨的潰敗可算是其中一朵花，不過年輕世代可以「攻」更多。可以以建立公義社會為目標，但不能再採取占領立法院及一度攻占行政院這種於法不合的作法。2006年前民進黨主席施明德發起的紅衫軍倒扁運動，有能力攻占總統府，但施明德沒有這樣做，紅衫軍的理性與節制，值得稱許。

年輕世代發動任何社會運動，都必須在合於法律的規範下，對不公不義之事提升情、理上的訴求，諸如改革劫貧濟富的稅制，諸如經濟成長的果如何公平分配、諸如監督民代問政，對財團及政客與不當利益把持者提出反制等等，不但有正當性，更必然可以獲得社會更高的支持，以更大火花及能量，做出更大的貢獻，讓台灣社會開遍公義的花朵。

要做到「遍地開花」，有一點很重要，就是年輕

人要多讀書。投身社會運動光有熱情不夠，還需要輔以扎實的理論基礎，才能有說服力及續航力。二十五年前野百合學運之所以成功，除了其訴求具正當性，還因為它結合了台灣社會老、中、青三代，不少有老壯知識份子參與其中，像中研院院士李鎮源，當時以75歲的高齡陪同學生靜坐抗議，菁英的挺身及發聲，讓政府不能不正視、不回應。

台灣目前亂、壞、敗的程度，更需要社會菁英站出來！

社會菁英擔起責任，發揮影響力

新公民運動年輕世代覺醒了，產生集體公民意識、關心公共事務，年長世代當然不能置身事外。不少我同輩的朋友，對台灣衰敗、沉淪至此都很不捨，我的前長官暨好友詹啟賢及前立委沈富雄，不約而同先後跟我提到，台灣社會似乎需要召開公民國是會議，研究討論台灣怎麼走下去。

相信社會上和我們一樣著急的民眾不在少數，強烈感覺必須做一些事，不能眼睜睜看著台灣這樣下去，不過召開公民會議不是簡單的事，需要推舉公正賢達之士出面召集及主持。

這個時候，過去受國家及社會栽培的社會菁英與賢達之士應該站出來，發揮意見領袖的影響力，針對憲政體制、國會改造、兩岸關係、財經稅改、十二年國教、社會福利、資源分配、食品安全、媒體監督、生態保育⋯⋯等攸關國家發展及社會民生的議題，集思廣益，凝聚社會共識，提出具前瞻及永續性的可行方案。

雖然這件事一旦開始做，就可能被政治化，參與者被貼標籤分藍綠，但若要讓政府及兩大黨聽到具代表性的人民心聲，這是可嘗試的方向。公民國是會議最好在下次總統大選前舉行，並提出提升台灣的具體可行方案，不過這個討論結果並不是提供政府參考（沒有用的，絕對石沉大海），而是用來檢視兩大黨改革的誠意，屆時兩大黨及總統候選人對會議結論的回應，就可以成為選民們評量候選人的尺。

而關於總統大選，我們有一件事一定要做，就是要求總統候選人選前公布治國團隊名單，交由選民公決。因為總統大選，不只是選一位總統出來而已，更重要的是治國團隊！

過去的總統大選，各陣營除了頻頻出拳企圖擊倒對手，就是自吹自擂的演講比賽以及政策白皮書的作

文比賽，但候選人當選後，誰來落實執行政見才是重點。總統再能幹，如果沒有一群賢才能士協助治國，在各部會的專業領域推動政務，就像一個交響樂團，一流的指揮加上三流的樂手，是奏不出完美樂曲的。

選總統，不只是在選明星指揮，更是在選一群才德皆備的治國團隊！因此，競爭政黨在選前，將正副總統、區域立委、不分區立委及內閣名單，一併交付給選民公決，才是責任政治的最佳實踐！

而台灣的選舉風氣，勝選者一向必須在選後論功行賞，「回饋」抬轎者，能在選前提出行政團隊名單的候選人，也表示他有魄力及能力擺平派系利益、擺脫分贓政治，是選民考察候選人的另一個重點。

公民覺醒，翻轉台灣

選舉過程，可以看出一個國家的民主品質，而公民的素質，更決定國家社會的素質。有什麼樣的公民、就有什麼樣的社會；有什麼樣的選民、就有什麼樣的民選首長及民意代表。政治人物的表現來自公民的要求，政府的施政品質來自公民的監督。以稅賦這塊來說，為何北歐國家的人民心甘情願負擔高額稅賦？為何同為民主國家，北歐政治人物不高舉減稅大

旗來爭取選票？因為政府做得好、因為國家不民粹、因為人民很理性！

這樣的公民社會是典範，這樣的民主國家才是名實相符的民主，我們應以此為目標！

所幸，在這次的九合一選舉中，邁向公民社會已露出些許曙光。選舉中凡是強調藍綠的候選人都落選，因為都會區選民已經厭倦政客以顏色撕裂社會、製造對立，選民們逐漸認知，不能因政府及政客給予小確幸就滿足，應該要求的是國家的大方向，而近年來，台灣公民運動風起雲湧，其實已有一定的力量，讓我們把點串成線、把線連成面，發揮更大的力量。

公民意識是人民最大利器，只要公民及媒體對每項福利或建設，都問一句「錢從哪裡來」，是加稅、發行公債或排擠其他施政，台灣民主水準必然大大提升。

只有公民覺醒，台灣社會成為具思辨能力的公民社會，台灣才有希望及前途。公民力量團結起來，比預想的還強大。讓我們成為有水準的公民，提升社會、監督政府。大家要知道，你不關心政治與經濟，政治與經濟就會被所謂的權貴霸凌，再回過頭來霸凌你！

我們有能力讓自己更好、讓台灣更好。在此拋磚
臚列「除三害」幾點作法，但望各界提出更多想法：

- 將思辨能力教育納入公民教育的課程課綱，
  可以稅改及勞保費率為例，自小培養下一代成
  為理性公民。
- 成人提升自己成為具備思辨能力的聰明公民，
  不理盲不濫情。
- 金融危機、食安危機皆是道德危機，重建社
  會道德刻不容緩。
- 要求電子媒體每天報導一則正向新聞做起，
  台灣好人好事很多，只要各新聞台每節新聞以
  5分鐘時間報導一則好人好事，為社會注入溫
  馨，發揮擴散作用。
- 支持願意改革、不怕失掉政權的政黨；唾棄
  只顧政權、弱化國家的政黨。
- 以公民意識對抗民粹；用選票制裁黑心政客。
- 要求政府與政治人物，在推行新政策與開選
  舉支票時，凡增加福利的，不能只談支出，請
  交代清楚預算從何而來。
- 政府出錢就是你我出錢，今日的公債及今日
  的福利，都是明日的稅金。有人少繳稅就一定

有人要多繳稅,支持政府推動公平正義的稅改,解救國庫,也解救自己的荷包!

· 請反對加稅的大戶及企業主等富人,提出公平加稅的方案。

· 建立「立委認真問政不跑攤」的觀念,讓立委把時間用在立法院審法案,而不是在喜宴上杯觥交錯、在告別式鞠躬致意。

自立自強,才能保台灣自主性

台灣不能再弱下去,除了強大起來才能讓人民有好日子過,另一個原因是唯有台灣夠強,對岸之於台灣才能不是威脅。台灣是否獨立,內部一直有爭議,但台灣要保有自主性,則是大家一致認同沒有異議的,但要保有自主性,前提是台灣能夠自立自強。

來說一段歷史。中日甲午戰爭,清廷戰敗,台灣割讓給日本,台灣人民激憤,仕紳丘逢甲、陳季同與當時台灣巡撫唐景崧籌劃「台灣民主國」對抗日軍,於 1895 年 5 月 23 日發表獨立宣言,5 月 25 日唐景崧就任總統。但就職十天後,唐景崧就以視察前線的名義,從淡水搭乘德國商輪逃到廈門,被戲稱是「十日總統」。唐景崧潛逃後,民主國的大將軍、中法戰爭

中的名將劉永福力抗日軍，但 10 月 19 日劉永福因兵敗逃離台灣，台灣民主國滅亡。

「台灣民主國」是亞洲第一個民主共和國，但自宣布建國到亡國，前後只有 150 天，這說明只有自主意識，但沒有自主力量，當形勢比人強時，只有受人宰割的份，也就是「有願望但沒實力」，一點用都沒有。中華民國遷台後，一直籠罩在中國大陸的統一陰影下，無論是中華民國繼續在台灣，或是台灣要獨立建國，沒有實力，都是空談！

我們要知道，中國從古以來就是非常強大的國家，一直到清朝乾隆時期，中國都是全世界最富強的國家，其 GDP 曾經占全球的一半。而中國自古以來也一直有「一統天下」的中國夢，中國只要有機會，永遠不會放棄「大國崛起」的夢想。這是歷來所有中國領導人及知識份子根深柢固的觀念，所以以前皇帝不斷攻打、收服邊疆民族，現在中國大陸對新疆、西藏、台灣及釣魚台等，都是一付「這是我家的」的態度，尤其中國在清朝時由極盛到極衰，對岸現在對重振大中國聲勢，更是非常執著。

在這樣的態勢下，如果我們沒有把對岸的心態納入考量，自己關起門來說台灣要長久保有自主性，不

只不切實際，挑戰也艱鉅。尤其當形勢比人強時，有願望沒實力，如何堅持願望、實現願望？

所以，除了台灣目前本身政治經濟社會一團亂的「內憂」，對岸這個「外患」，更是我們必須自立自強、振衰起敝的因素。否則以今日台灣愈來愈弱化的情況來看，我們已置身險境！

新公民運動，非但是台灣需要的，而且必須立即、馬上展開！

後記

　　這是本人最後一本非公衛健康的「雜書」，理由如下。首先是我的恩師陳拱北教授及吳新英教授，他們二位是台灣公共衛生的先驅，研究論文包括烏腳病的病因與防治、加碘鹽以消除甲狀腺腫等，理論與實務兼備，貢獻良多，卻從未出書；且因當時政治環境，也未寫作「雜文」。弟子雖不能青出於藍，但出版了大學用書，也寫了不少「雜文」，總算有點小小的突破，見好就該收了。

　　再來是在1980年代，台大公衛，甚至整個台大醫學院，開始倡導SCI及SSCI。倡導無妨，但以之為「聖杯」，甚而框在所有學門之上，個人並不認同。我在所務會議上直指其非，不知是眾人皆醉我獨醒，或是眾人皆醒我獨醉，意見被棄之不顧，因此暗

中立誓：「今後只指導學生，絕不掛名寫『I』級的論文，但要出版三冊大學用書及三本『雜書』，期望其對社會的影響不亞於『I』級的論文。」現在數量上已經達成目標，就不用再寫書了。

當然，最重要的是，如果台灣可以從目前的向下惡性循環，開始向上反轉，我當然不用再苦口婆心寫「雜書」了；如果繼續沉淪，台灣人民選中華民國總統的次數就十分有限了。到時就要由史家來寫「中華民國滅亡史」（這指的是為中華人民共和國併吞，若台灣人民自行決定更改國號，則不計為滅亡），與我無關了。

另外，想看本書的朋友請自行購買，因為在出版《台灣大崩壞》討論台灣社會「不婚、不育、不養、不活，民眾沒有前景」之時，特別贈書給馬總統，他送了花籃；也邀了當時的國民黨秘書長金溥聰先生蒞臨新書發表會致詞。兩年多過去了，「四不一沒有」不但沒有改善，且更加嚴重。當時更自掏腰包，幾乎用盡所有版稅，購書贈送每位立委及縣市長每人一本，出書後也多次接受電視台及電台專訪，但有機會與這些立委及縣市長碰面時，卻無人提及「四不一沒有」。想來書不是送給一團空氣，或是不值一閱，就

是被他們的秘書、機要們丟到垃圾桶去了（大概不是馬桶，那會造成堵塞）。

政治人物中，大概只有某市長認真研讀。這位市長在遠見天下舉辦的論壇上，說楊○○指出了當前社會的重大問題，但沒有提出解決方法。當時沒有機會回答，現以此書報告「四不一沒有」背後的因由，也同時將欠他的回答寫在書中，因此，此書只送他一人。至於原打算購書贈送的預算，就捐公益了。

最後要謝謝多個雜誌、報紙，包括《聯合報》、《蘋果日報》、遠見雜誌華人菁英論壇、「獨立評論＠天下」等，邀請我寫稿，居然偶有人稱我為「專欄作家」，令我不勝欣喜，二年來寫了不下百篇，為本書奠下基礎。

2014國民黨敗選深層探討

2014.12.02

　　此次九合一地方選舉，國民黨大敗，甚至連傳統上藍必勝綠的縣市議員、村里長等，國民黨都大幅退敗。外界不少說法是首投族及網民效應，甚至一些技術上的失誤，如皇民說、混蛋說等，但深入思考，則並非全然如此，我認為真正深層原因，應在以下幾點。

　　首先，台灣中間選民及年輕族群，對藍綠惡鬥已深惡痛絕，即使綠油油的南部，民進黨候選人也幾乎不提藍綠，任何激發藍綠對立的言論必然被選民唾棄，但藍營卻反其道而行，犯了大忌。此次選舉，少見藝人站台助選，恐是認為一被歸藍或綠，票房必失。演藝歸演藝、選舉歸選舉，也是好事。

再者，反商仇富心態瀰漫社會，此雖對台灣長期發展不利，卻是政府施政偏誤的結果。財稅政策有利炒房、炒股；黑心商人富可敵國，貧富差距加大；財富世襲為普遍現象，階級形成；基層民眾及青年族群有強烈的相對剝奪感，以至於「皇民說」未傷對手毫毛，「權貴說」卻傷筋動骨。停止發放退休軍公教年終慰問金一事，不知獲得多少路人喊讚，而頭腦不清的藍營，卻在選前說要考慮恢復發放，不知馬上得罪多少22K的打工族、派遣工及買不起嬰兒奶粉的年輕夫婦。

餿水油及其之前的假油、混油、飼料油、毒澱粉等食品安全事件，確實影響選情，此為歷史共業，藍綠、中央、地方都有責任，相互指責的結果，執政者必然殺敵一百，自損千萬。黑心食品的危害是多面向的，讓千萬民眾將有害或不良食品下肚是其一；多少小攤商及家庭式食品業者，因黑心油品食材事件，嚴重影響生意，收入大減，讓家庭生計無著，相較之下，大廠食品下架損失不可計數，還算是小事。對黑心商人起訴、判刑，甚至罰款，對這些升斗小民又有任何實質助益？更何況過去幾次食安事件，政府總是高高舉起，又輕輕放下，這一次也無半點要替小攤商

向源頭廠商討公道之意，各界懷疑黑心食品事件或有高層介入，也是合情合理，如此還想要凍蒜，真是可笑之至。

另一罩門是中國逐漸壯大，台灣因內鬥內行，不論經濟、政治及社會不斷弱化，對台灣前途有高度的不安全感，ECFA 也好，立法院尚未過關的服貿協定也好，已被民眾標籤為對富人及財團服務的政策，民眾更不買單。

更有甚者，只有9％的總統，沒有自知之明，反而到處上台喊凍蒜，因此到處有「投○○○一票，就是投馬英九一票」之說，他少跑幾次，國民黨還可能增加一、二席。

最近網路流傳一篇高希均教授的文章，替馬英九開脫，認為他就是因為廉潔，水清無魚，不將利益分派給地方諸侯派系，所以孤立無援。我認為正好相反，中產階級及青年朋友，早就厭惡派系黑金及惡質財閥，當今都會區的區長、里長，誰又認得？誰又在乎？又對民眾投票有多少影響力？且這次台中派系確有整合，但結果如何？更證明現在的派系勢力早已無用。

這次國民黨大敗，或許對台灣選舉文化的改革

大有助益，花大錢買電視廣告、刊登報紙，找些天龍國的權貴上台大喊凍蒜，不如PO幾篇文章與網民交心。對不上網的中、老人也不再用老套，站在民眾這邊，誠懇提出解決生活困境的法案，才是正理。綠營更應心知肚明，此次大勝，是因為國民黨太爛，並非自己有什麼高明的政見或施政方針，若仍然效法國民黨，在財經政策上仍與阿扁時代相同，一再向財團靠攏，則絕非國家之福。

台灣選舉的另一特色是廣泛的社會動員，就如同一般的開發中國家，而歐美國家的選舉則相對「冷靜」得多，因為這些先進國家資源的分配規則早已成熟，誰當選都不可能有翻天覆地的變化，因此投票率也一般偏低。而在開發中國家選舉的結果，卻常是派系、區域及包括庶民在內的重大利益重分配，因此選舉期間，平常少往來的朋友，也常像老鼠會般被動員來電關切。

本人榮幸（或不幸）也被人情包圍，列為連陣營數百位顧問之一，並被邀請與連勝文先生面談。期間連先生溫文有禮、禮賢下士，沒有富家權貴之氣。受人之託、忠人之事，本人建議極為簡單，就是要「幼有所養、壯有所用、老有所終」。建議的要旨是公立

托嬰名額至少增加一倍（從10％增至20％），再者公立幼兒園入學名額被秒殺，年輕夫婦怨聲載道，應大幅增加名額予以紓解；老人長期照護應增加日間照護名額等。對父母只一戶房產的首購族，給予至少六成的利息補貼；租屋族也應酌予租金補貼。

以上政見必須配合提出財務計畫，這點對財務專家的連先生應是輕而易舉。財源首先應為地方政府可自主掌握的房屋及地價稅（目前只收實價千分之一，為美、日百分之一的十分之一），提高公告地價占實價比率，即可達到增加稅收的目標。加稅雖將遭至反彈，但以之為指定用途稅，用途明確易於監督，不增加未來世代（都是我們自己的子弟）的負債，多加說明，必可獲得多數家庭及民眾的支持。其他如市府搬遷等只涉及少數人利益，爭議甚大，大可不必。且應堅持只提政見、不論其他，特別是對手的人品及作為。

兩次見面後，連營多次來電盛情邀請一同出席記者招待會，因此決定若連先生真有心以市民需求為重，打一場高格調選戰，站在改革這一邊，就不管事後家人必然罵到臭頭，也不在意自己沒有什麼票房價值，就算侯選人選情不佳，也願為他出面站台，甚至

一同掃街拜票。

　　為試探連先生改革之心，因此在《蘋果日報》為文〈軍公教廢票聯盟該廢了〉，文中說：「反正勝選無望，留點傲氣，叫這些死要錢的叔叔伯伯們滾回去吧！」可惜一如原先所料，連先生未能接招。因為除少數人外，多數退休軍公教月領5至7萬以上，高階將領及老政務官甚至十數萬，加發法理不明的慰問金，一個半月就是每人10萬左右，甚至20萬。這對苦等公立托兒所、幼兒園的年輕夫婦、60％月入少於3萬的30歲以下就業年輕人、政府及民間雇用的大量派遣工，甚多年終獎金盼不到一個月者，必然造成這些族群的憤怒。連先生不敢站在改革這邊，只好棄他而去。

　　最可笑的是，每次批評馬政府後，就有國民黨立委或名嘴在電視上說，馬政府就是有這種（前）閣員，難怪如何如何。本人只覺啼笑皆非，真想罵三字經。我當官是「他們」請我來的，當時我尚顧慮再三且對職位推三阻四，並提出條件才上任的，服務期間自認盡忠職守，沒替團隊丟臉。離開後，難道要回到明清時代，一朝臣子就要忠於皇上一生？不當官，就是總統的頭家，只要不涉毀謗罪，什麼時代了，誰能

管我說些什麼？我固然曾為國民黨員，但黨與國之間，孰輕孰重，心中自有一把尺，當黨已不黨、國將不國，如何能以「國民黨」之利益為先，而噤口不言該所當言？

過完春節，不出半年，台灣又要再度被動員大選，本人沒有「票房價值」又常幫倒忙，這次就請饒了我吧！

人與土地 002

分配正義救台灣

作　　者—楊志良
採訪整理—邱淑宜
主　　編—李宜芬
封面暨內頁設計—黃淑雅
執行企劃—張燕宜
董事長
總經理—趙政岷
總編輯—余宜芳
出版者—時報文化出版企業股份有限公司
　　　　10803台北市和平西路三段二四○號三樓
　　　　發行專線—（○二）二三○六—六八四二
　　　　讀者服務專線—○八○○—二三一—七○五
　　　　　　　　　　　（○二）二三○四—七一○三
　　　　讀者服務傳真—（○二）二三○四—六八五八
　　　　郵撥—一九三四四七二四時報文化出版公司
　　　　信箱—台北郵政七九～九九信箱
時報悅讀網—http://www.readingtimes.com.tw
時報出版臉書—http://www.facebook.com/readingtimes.fans
法律顧問—理律法律事務所　陳長文律師、李念祖律師
印　　刷—盈昌印刷有限公司
初版一刷—二○一五年一月三十日
定　　價—新台幣三二○元

⊙行政院新聞局局版北市業字第八○號
版權所有　翻印必究
（缺頁或破損的書，請寄回更換）

國家圖書館出版品預行編目（CIP）資料

分配正義救台灣 / 楊志良著；邱淑宜採訪整理. -- 初版. -- 臺北市：
時報文化, 2015.01
　　面；　公分. -- （人與土地；2）
　ISBN 978-957-13-6175-8（平裝）

　1.言論集

078　　　　　　　　　　　　　　　　　　　103027571

ISBN 978-957-13-6175-8
Printed in Taiwan